WE CAN
SAVE THEM
#WECANSAVETHEM

FINAL RESULT
EXOTIC DNA
TRX
REX.345-ALPHA

SAVE
THE
DINOS

ALL
ENDANGERED
SPECIES
ARE
EQUAL

ジュラシック・ワールド
炎の王国

坂野徳隆／著
スティーヴン・スピルバーグ、コリン・トレボロウ／製作総指揮
マイケル・クライトン／キャラクター原案

★小学館ジュニア文庫★

CONTENTS

もくじ

ジュラシック・ワールド
炎の王国

第《だい》1章《しょう》　ラグーンの探《さが》しもの

イスラ・ヌブラル島《とう》。そこは今《いま》や誰《だれ》も近《ちか》づかない、悲劇《ひげき》の島《しま》。

かつては島全体《しまぜんたい》が生《い》きた恐竜《きょうりゅう》と触《ふ》れ合《あ》うことのできる「ジュラシック・ワールド」だった。世界中《せかいじゅう》から大勢《おおぜい》の観光客《かんこうきゃく》が押《お》し寄《よ》せ、子供《こども》たちの歓声《かんせい》にあふれていた。

ところが2015年《ねん》、飼育《しいく》されていた恐竜《きょうりゅう》たちが観光客《かんこうきゃく》や園《えん》の関係者《かんけいしゃ》を襲《おそ》う恐《おそ》ろしい事件《じけん》が発生《はっせい》。恐竜《きょうりゅう》テーマパークは閉園《へいえん》、恐竜《きょうりゅう》たちを残《のこ》したまま島《しま》も封鎖《ふうさ》された。

以来《いらい》、イスラ・ヌブラル島《とう》は世界《せかい》からその存在《そんざい》を忘《わす》れられたかのように、中米《ちゅうべい》コスタリカの193キロ沖合《おきあい》で眠《ねむ》り続《つづ》けていた。

その男《おとこ》たちが来《く》るまでは……。

半月形《はんげつけい》の観客席《かんきゃくせき》に闇夜《やみよ》の空《そら》から雨《あめ》が降《ふ》り注《そそ》いでいる。海辺《うみべ》の「ラグーン」と呼《よ》ばれる施設《しせつ》跡《あと》だ。入《い》り江《え》の海側《うみがわ》を仕切《しき》り、陸側《りくがわ》には観客用《かんきゃくよう》スタンドが設置《せっち》されている。テーマパークが開園《かいえん》していたとき、そこは巨大《きょだい》な海洋肉食恐竜《かいようにくしょくきょうりゅう》モササウルスの餌付《えづ》けや、その泳《およ》ぐ姿《すがた》を見《み》ようと、観客《かんきゃく》がつめかけた場所《ばしょ》だった。

今《いま》はガランとしたその施設《しせつ》の一角《いっかく》に、プレハブでつくられた数棟《すうとう》の守衛所《しゅえいしょ》があって、そこだけ窓《まど》に明《あ》かりが煌々《こうこう》とともっていた。その明《あ》かりの前《まえ》で、タブレット端末《たんまつ》を手《て》に無線《むせん》に話《はな》しかける技術者《ぎじゅつしゃ》・ジャックの姿《すがた》がある。

「マリーン・ワン、そちらの位置《いち》は？」

ジャックは、それまで閉《と》ざされていた、ラグーンの海洋《かいよう》とのあいだを仕切《しき》る鋼鉄製《こうてつせい》のゲートを開《あ》けることに成功《せいこう》したところだった。海藻《かいそう》に覆《おお》われたゲートが開《あ》くと、その隙間《すきま》がまぶしいライトに照《て》らし出《だ》された。サーチライトを放《はな》ちそこに近《ちか》づいたのは、1艘《そう》の小型潜水艇《こがたせんすいてい》だった。

「こちら、ゲートを抜《ぬ》けたところだ」

2人乗《ふたりの》りの潜水艇《せんすいてい》「マリーン・ワン」の操縦者《そうじゅうしゃ》が答《こた》えた。

「了解《りょうかい》。エア・ワン、離陸《りりく》オーケー、追跡《ついせき》を開始《かいし》せよ」

ジャックが今度《こんど》は後《うし》ろの敷地《しきち》で待機《たいき》していたヘリコプター「エア・ワン」のパイロットへ呼《よ》びかけた。

「了解《りょうかい》、追跡《ついせき》を開始《かいし》する」

パイロットが答《こた》え、ヘリがラグーン上空《じょうくう》に舞《ま》い上《あ》がった。追跡《ついせき》する対象《たいしょう》は潜水艇《せんすいてい》だ。その潜水艇《せんすいてい》の船内《せんない》では、操縦者《そうじゅうしゃ》が隣《となり》の同乗者《どうじょうしゃ》を心配《しんぱい》げに見《み》やっていた。2人乗《ふたりの》りの艇《てい》は狭《せま》く、むし暑《あつ》い。しかし彼《かれ》らの顔《かお》から汗《あせ》が滴《したた》り落《お》ちる理由《りゆう》は、それだけではなかった……。

「落《お》ち着《つ》けって」

操縦者《そうじゅうしゃ》が隣《となり》の相棒《あいぼう》にささやく。

「ここに沈《しず》んでいるのは、みんな死骸《しがい》だ」

そう、ラグーンにいたモササウルスも餌《えさ》がないため、死《し》に絶《た》えているはずだった。やがて操縦者《そうじゅうしゃ》の言《い》うとおり、潜水艇《せんすいてい》のライトに、ラグーンの底《そこ》に散《ち》らばる恐竜《きょうりゅう》のものらしい、白《しろ》い全身骨格《ぜんしんこっかく》が浮《う》かび上《あ》がった。

「よーしこいつだ。インドミナス・レックス」

インドミナス・レックス……。かつて遺伝子操作《いでんしそうさ》で人工的《じんこうてき》につくられ、この島《しま》が封鎖《ふうさ》される例《れい》の事件《じけん》の原因《げんいん》にもなった、凶暴《きょうぼう》で頭《あたま》のいい肉食性恐竜《にくしょくせいきょうりゅう》。あの日《ひ》、他《ほか》の恐竜《きょうりゅう》や人間《にんげん》を襲《おそ》い続《つづ》けたインドミナス・レックスは、最後《さいご》にここで突然現《とつぜんあらわ》れたモササウルスに水中《すいちゅう》へ引《ひ》きずり込《こ》まれたのだった。

彼《かれ》らが探《さが》していたのは、そのキメラ（合成《ごうせい》）恐竜《きょうりゅう》の遺骨《いこつ》だった。

操縦者《そうじゅうしゃ》が潜水艇《せんすいてい》をインドミナス・レックスの死骸《しがい》の真上《まうえ》へ移動《いどう》させた。位置《いち》が決《き》まると相《あい》棒《ぼう》がロボット・アームを操縦《そうじゅう》し、あばら骨《ぼね》のひとつをつかんだ。別《べつ》のアームは回転式《かいてんしき》ノコギリで、すぐに切断《せつだん》を終了《しゅうりょう》。60センチほどの長《なが》さの骨《ほね》のサンプルは特殊《とくしゅ》なガラスチューブに入《い》れられた。金属製《きんぞくせい》のカバーに守《まも》られたハイテクのコンテナには、風船《ふうせん》と赤《あか》く点滅《てんめつ》するビーコン（発信機《はっしんき》）がついていた。

「エア・ワンへ、こちらサンプルを採取《さいしゅ》。海面《かいめん》に送《おく》る」

「了解《りょうかい》」

と、ヘリのパイロットが潜水艇《せんすいてい》に返《かえ》した。

「これからそちらへ向《む》かう、待機《たいき》せよ」

そのとき水中《すいちゅう》に巨大《きょだい》な生《い》き物《もの》の影《かげ》がうごめいた。背後《はいご》に迫《せま》ると潜水艇《せんすいてい》がピンポン玉程度《だまていど》にしか見《み》えない。

ロボット・アームを操作《そうさ》していた男《おとこ》が、潜水艇《せんすいてい》のコクピットから外《そと》を見《み》た。

そこに現《あらわ》れたのは、巨大《きょだい》な目《め》！

一方《いっぽう》、陸上《りくじょう》ではジャックが異変《いへん》に気《き》づいていた。手元《てもと》のタブレットのレーダーから潜水艇《せんすいてい》の信号《しんごう》が消《き》えたのだ。

「マリーン・ワン、そちらの位置《いち》は？　信号《しんごう》が消《き》えたようだが」

相手《あいて》は答《こた》えない。

すると無線《むせん》にヘリからの声《こえ》で、

「ランド・ワン、サンプルを回収《かいしゅう》。これから引《ひ》き返《かえ》す、ゲートを閉《と》じろ」

ジャックは焦《あせ》った。潜水艇《せんすいてい》にもう一度《いちど》呼《よ》びかける。

「マリーン・ワン、ラグーンのゲートを閉《し》めるぞ。そちらはすでに外《そと》へ出《で》ているか？」

やはり応答《おうとう》がない。

「聞《き》こえるか、マリーン・ワン。そちらの位置《いち》を教《おし》えてくれ」

がなるジャックの背後《はいご》で、ヘリが守衛所《しゅえいしょ》に戻《もど》った。ところが着陸《ちゃくりく》した瞬間《しゅんかん》、ドスン、という地響《じひび》きとともに地面《じめん》が揺《ゆ》れた。ユサユサと周囲《しゅうい》の木々《きぎ》が震《ふる》え、葉《は》っぱが舞《ま》い落《お》ちる。

「なんだ、今《いま》のは？」

パイロットが警戒《けいかい》してあたりを見回《みまわ》した。搭乗員《とうじょういん》たちもさっきの大《おお》きな音《おと》と振動《しんどう》の原因《げんいん》に気《き》づきはじめていた。

「おい、ありゃなんだ？」

しかしジャックはまだ気《き》づいていない。搭乗員《とうじょういん》たちが慌《あわ》てて手《て》を振《ふ》り、叫《さけ》んで知《し》らせようとするが、ヘリの騒音《そうおん》にかき消《け》されている。

ようやくジャックが気《き》づいた。

背後《はいご》だ。何《なに》かがいる、と指《ゆび》さしているようだ。

振《ふ》り返《かえ》った瞬間《しゅんかん》だった。

グァオオオオオオオ！

雷鳴《らいめい》のような咆哮《ほうこう》とともに、想像《そうぞう》を絶《ぜっ》する恐怖《きょうふ》がジャックを凍《こお》りつかせた。

大《おお》きな頭《あたま》、鋭《するど》い歯《は》。ティラノサウルス……T《ティー》レックスの巨体《きょたい》がすぐ背後《はいご》にそびえたっていたのだ。

ジャックはヘリに向《む》かって必死《ひっし》に走《はし》りはじめた。しかしヘリはすでに上昇《じょうしょう》した後《あと》だった。

「はしごを投《な》げるんだ！」

ヘリ搭乗員《とうじょういん》の1人《ひとり》が叫《さけ》んだ。すぐにはしごが投《な》げられ、ジャックが懸命《けんめい》に追《お》う。

「頑張《がんば》れ、見捨《みす》てはしねぇぞ」

地面《じめん》が揺《ゆ》れ、ジャックは背後《はいご》から恐《おそ》ろしい咆哮《ほうこう》を浴《あ》びせられる。はしごは前《まえ》を自分《じぶん》と同《おな》じ速《はや》さで離《はな》れていく。

「ジャック、もう少《すこ》しだ、来《こ》い、つかめ！」

T《ティー》レックスの牙《きば》がすぐ後《うし》ろに迫《せま》っていた。

「待《ま》って待《ま》って！　置《お》いてかないでくれ！　助《たす》けて！」

ヘリが上昇《じょうしょう》するなか、ジャックは水辺《みずべ》の大《おお》きな倒木《とうぼく》を台《だい》にジャンプしてしがみついた。

「よし、いいぞ！」

ヘリ搭乗員《とうじょういん》たちが歓喜《かんき》する。ところが恐竜《きょうりゅう》の脚《あし》も速《はや》かった。

ガブッ！　T《ティー》レックスがジャックのすぐ足元《あしもと》のはしごにかみついた。その巨大《きょだい》な肉食動物《にくしょくどうぶつ》はジャックを行《い》かせまいと、はしごをくわえたまま引《ひ》っ張《ぱ》る。ジャックをはさんで、ヘリと恐竜《きょうりゅう》の綱引《つなひ》きが始《はじ》まった。

「もうダメだ、ヘリが墜《お》ちる。はしごを切《き》り離《はな》すしかない！」

搭乗員《とうじょういん》が叫《さけ》び、別《べつ》の搭乗員《とうじょういん》がはしごをはずしはじめた。

「耐《た》えてくれ、頼《たの》む！　おれは死《し》にたくない！」

ジャックが悲痛《ひつう》な声《こえ》をあげた。そのときT《ティー》レックスの鋭《するど》い歯《は》がはしごを食《く》いちぎった。ジャックのいるすぐ下《した》のあたりだ。ジャックは、ギリギリのところでヘリが上昇《じょうしょう》していくのに気《き》づいて、安堵《あんど》のため息《いき》を吐《つ》いた。

ああ、危《あぶ》なかった。だがこれでもう安心《あんしん》だ……。

その瞬間《しゅんかん》、ズバーンとあたりにけたたましい轟音《ごうおん》と水《みず》しぶきが飛《と》んだ。ラグーンの水中《すいちゅう》からモササウルスが飛《と》び出《だ》したのだ。恐《おそ》ろしいほど大《おお》きなその口《くち》を開《あ》けたまま、水棲恐竜《すいせいきょうりゅう》が巨《きょ》体《たい》を宙《ちゅう》に舞《ま》い上《あ》げた。

ガブッ！

モササウルスはジャックをひとくちで捕《と》らえてしまった。

ヘリコプターは無事《ぶじ》だった。

ザブ〰〰〰〰ン。

搭乗員《とうじょういん》たちがぼうぜんと見守《みまも》る前《まえ》で、水中《すいちゅう》へ巨体《きょたい》を戻《もど》すモササウルスが大《おお》きな水《みず》しぶきをあげた。

「DNA《ディーエヌエー》サンプルを確保《かくほ》。これより基地《きち》に戻《もど》る」

パイロットが何者《なにもの》かに報告《ほうこく》した。インドミナス・レックスの骨《ほね》サンプルが安置《あんち》されたコンテナを積《つ》んだまま、ヘリは島《しま》の山岳部《さんがくぶ》を越《こ》えていく。

そのころ、モササウルスが再《ふたた》び水《みず》しぶきをあげてラグーンの深《ふか》みへ潜《もぐ》り、開《あ》いたままのゲートから海《うみ》へ泳《およ》ぎ出《だ》すところを、搭乗員《とうじょういん》たちは見《み》ていなかった。

第《だい》２章《しょう》　絶滅生物《ぜつめつせいぶつ》を救出《きゅうしゅつ》せよ

テレビニュースが噴煙《ふんえん》をあげる火山《かざん》の映像《えいぞう》を映《うつ》している。女性《じょせい》アナウンサーが、そこがかつてのジュラシック・ワールド、イスラ・ヌブラル島《とう》であることを伝《つた》えた。

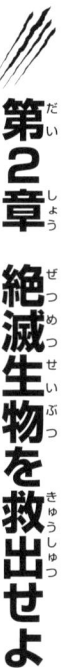

「その悲劇《ひげき》の島《しま》が、現在《げんざい》新《あたら》しい悲劇《ひげき》に直面《ちょくめん》しています。長《なが》いあいだ眠《ねむ》っていた火山《かざん》が、最近《さいきん》になって活発化《かっぱつか》したのです。地質学者《ちしつがくしゃ》によれば、地球上《ちきゅうじょう》に唯一残《ゆいいつのこ》るこの島《しま》の恐竜《きょうりゅう》たちも、この火山活動《かざんかつどう》により絶滅《ぜつめつ》の危機《きき》に陥《おちい》るものとみられます。

２０１５年《ねん》、全世界《ぜんせかい》に衝撃《しょうげき》を与《あた》えた惨劇《さんげき》以来《いらい》、遺族《いぞく》や生存者《せいぞんしゃ》から起《お》こされた集団訴訟《しゅうだんそしょう》で、マスラニ社《しゃ》は８億《おく》ドル（約《やく》８７２億円《おくえん》）を超《こ》す慰謝料《いしゃりょう》を払《はら》ってきました。

一方《いっぽう》で恐竜《きょうりゅう》たちを絶滅危惧種《ぜつめつきぐしゅ》として保護《ほご》するよう、世界中《せかいじゅう》の指導者《しどうしゃ》に呼《よ》びかける活動《かつどう》も盛《さか》んです。ここワシントンの連邦議会議事堂《れんぽうぎかいぎじどう》では、今日《きょう》もまた恐竜《きょうりゅう》の生存権《せいぞんけん》をめぐって、世界《せかい》が注目《ちゅうもく》する公聴会《こうちょうかい》が開《ひら》かれています。恐竜《きょうりゅう》に他《ほか》の絶滅危惧種《ぜつめつきぐしゅ》同様《どうよう》の保護措置《ほごそち》を与《あた》えるべきか、それとも見殺《みごろ》しにすべきか………」

その公聴会《こうちょうかい》では、ジュラシック・パークに対《たい》し、自身《じしん》のカオス理論《りろん》から一貫《いっかん》して批判的《ひはんてき》な立場《たちば》を貫《つらぬ》いてきたイアン・マルコム博士《はかせ》が持論《じろん》を展開《てんかい》していた。

「あの素晴《すば》らしい恐竜《きょうりゅう》たちの運命《うんめい》は、火山《かざん》に委《ゆだ》ねるしかない。それが私《わたし》の意見《いけん》です。恐竜《きょうりゅう》には気《き》の毒《どく》ですが、人間《にんげん》の変《か》えた流《なが》れが元《もと》に戻《もど》るのです」

耳《みみ》を傾《かたむ》けていたシャーウッド議員《ぎいん》が聞《き》いた。

「人間《にんげん》の犯《おか》した過《あやま》ちを神《かみ》が自《みずか》ら正《ただ》されようとしていると？」

「議員《ぎいん》、お言葉《ことば》ですが、この件《けん》に神《かみ》は関係《かんけい》ありません。私《わたし》が言《い》いたいのは、過去《かこ》1世紀《せいき》のあいだに、人類《じんるい》は驚異的《きょういてき》な技術力《ぎじゅつりょく》を手《て》に入《い》れた。同時《どうじ》にその力《ちから》を制御《せいぎょ》する能力《のうりょく》がないことも証明《しょうめい》してきた、ということです」

マルコム博士《はかせ》は傍聴人《ぼうちょうにん》を背後《はいご》に、議員《ぎいん》ら居並《いなら》ぶ公聴会委員《こうちょうかいいいん》たちと向《む》かい合《あ》っていた。

机《つくえ》の上《うえ》で両手《りょうて》をさすり、憂《うれ》いを浮《う》かべた眼鏡《めがね》の奥《おく》の目《め》で議員《ぎいん》を見《み》る。

「80年前《ねんまえ》、誰《だれ》が核《かく》の拡散《かくさん》を予測《よそく》できたでしょう？　今《いま》われわれは、遺伝子操作《いでんしそうさ》の技術《ぎじゅつ》を手《て》にした。それが拡散《かくさん》すれば、その先《さき》にいったいどんな世界《せかい》が待《ま》っているのか。事《こと》は恐竜《きょうりゅう》の復活《ふっかつ》だけではすみません」

議員《ぎいん》たちをはじめ、会場《かいじょう》が沈黙《ちんもく》した。

「私《わたし》が言《い》いたいのは、人間《にんげん》が引《ひ》き起《お》こす大変動《だいへんどう》です。それは例《たと》えば、死《し》の概念《がいねん》です。それはそのとき目《め》の前《まえ》にしなければ、わかりません」

博士《はかせ》は2度《ど》にわたるジュラシック・パークの惨劇《さんげき》から生還《せいかん》を果《は》たした、奇跡《きせき》の人物《じんぶつ》でもある。その顔《かお》は惨劇《さんげき》のときからは老《ふ》けた。だが、それらの悲劇《ひげき》に居合《いあ》わせ、その後《ご》の変化《へんか》を見《み》てきた経験《けいけん》と独特《どくとく》なカンが、いっそうその存在感《そんざいかん》を際立《きわだ》たせている。当時《とうじ》的中《てきちゅう》した予言的《よげんてき》意見《いけん》が、今《いま》この公聴会《こうちょうかい》でもマルコムを世界《せかい》でもっとも注目《ちゅうもく》すべき参考人《さんこうにん》にしていた。

リポーターの説明《せつめい》の後《あと》、テレビカメラは「ダイナソー・プロテクション・グループ」のオフィスの中《なか》の中継《ちゅうけい》に切《き》り替《か》わった。だが、そこで働《はたら》いているスタッフたちは忙《いそが》しすぎて、自分《じぶん》たちが映《うつ》っていることに気《き》づかない。彼《かれ》らは電話《でんわ》で話《はな》したり、コンピューターに向《む》かっていたり、「恐竜《きょうりゅう》を守《まも》れ」とか「彼《かれ》らは我々《われわれ》より先《さき》に住《す》んでいた」などと書《か》かれた抗議《こうぎ》ポスターをつくったりしていた。

チ〜ン。

広《ひろ》い部屋《へや》の奥《おく》から、エレベーターが到着《とうちゃく》したことを告《つ》げるベルが鳴《な》った。古《ふる》いエレベータードアが半分《はんぶん》まで開《ひら》き、危《あぶ》なっかしい手《て》つきでそれを押《お》し開《あ》ける女性《じょせい》の手《て》。手《て》にはコーヒーを載《の》せたトレー。肩《かた》までかかった赤毛《あかげ》を揺《ゆ》らし、バランスを取《と》りながらオフィスに入《はい》ったのは30代半《だいなか》ば、知的《ちてき》な青《あお》い瞳《ひとみ》をしたクレア・ディアリングだった。

クレアはボランティアたちの机《つくえ》の前《まえ》を歩《ある》き、そのうちのひとつ、薄《うす》いピンク色《いろ》の眼鏡《めがね》をかけて腕《うで》の刺青《いれずみ》が目立《めだ》つ、20代後半《だいこうはん》の風変《ふうが》わりな恐竜生物学者《きょうりゅうせいぶつがくしゃ》、ジア・ロドリゲスの机《つくえ》にコーヒーカップを置《お》いた。

ジアはヘッドセットを着《つ》け、電話《でんわ》でグループへの献金《けんきん》を呼《よ》びかけていたところだった。しかしジアは忍耐強《にんたいづよ》さに欠《か》けているため、いつものように相手《あいて》をうまく説得《せっとく》できずにいた。

「ええ、でもあなたから支援《しえん》を訴《うった》えていただけたら、議会《ぎかい》に対《たい》して明確《めいかく》なメッセージが伝《つた》わると思《おも》うんです。つまり恐竜《きょうりゅう》が感情《かんじょう》を持《も》つ生《い》き物《もの》で、見捨《みす》てておくわけにはいかないことが……」

ジアの言葉《ことば》を聞《き》きながら、クレアがコーヒートレーを机《つくえ》に下《お》ろした。クレアは知《し》っていた。ジアの才能《さいのう》はこんなことにあるのではない。恐竜《きょうりゅう》の医療的《いりょうてき》ケアこそ、ジアが得意《とくい》で専門《せんもん》とするところなのだ。

クレアはジアに電話《でんわ》を代《か》わるようジェスチャーした。相手《あいて》は女性《じょせい》の下院議員《かいんぎいん》だった。いったん電話《でんわ》に出《で》ると、クレアは水《みず》を得《え》た魚《うお》のようにしゃべりはじめた。

「お電話代《でんわか》わりました、こんにちは、デルガド議員《ぎいん》。私《わたし》の名前《なまえ》はクレア、このグループの運《うん》営責任者《えいせきにんしゃ》です。お忙《いそが》しいとは存《ぞん》じますが、少々《しょうしょう》お時間《じかん》を……。恐《おそ》れ入《い》ります」

クレアはもうジアの側《そば》にいない。オフィスを歩《ある》き回《まわ》り、他《ほか》の仕事《しごと》を同時《どうじ》にこなしながら、器用《きよう》に電話《でんわ》で話《はな》し続《つづ》けている。

「私《わたくし》どもダイナソー・プロテクション・グループは、恐竜《きょうりゅう》を安全《あんぜん》かつ自然《しぜん》な状態《じょうたい》で保護《ほご》するための活動《かつどう》を行《おこな》っておりまして、必要《ひつよう》な資金《しきん》の援助《えんじょ》を、民間《みんかん》はもちろん、とりわけ連邦政府《れんぽうせいふ》に対《たい》してお願《ねが》いしているところです」

相手《あいて》が何《なに》か指摘《してき》している。クレアは立《た》ち止《ど》まり、うなずきながら長《なが》いため息《いき》を吐《つ》いた。

「ええ、ジュラシック・ワールドのオペレーションマネジャーだったクレア・ディアリングと私《わたし》は同一人物《どういつじんぶつ》です。そしてもちろん、私《わたし》はあそこで起《お》きたことに責任《せきにん》を感《かん》じています。私《わたし》がここでこんなことをしているのも、そのためです」

クレアは得意《とくい》の話術《わじゅつ》で相手《あいて》を説得《せっとく》しようと、オフィスの隅《すみ》の、誰《だれ》もいない静《しず》かなスペースへ移動《いどう》した。

「議員《ぎいん》、お子様《こさま》は？　そうですか、その子供《こども》たちは、生《い》きた恐竜《きょうりゅう》が動《うご》き回《まわ》るのを、その目《め》で見《み》ながら育《そだ》ってこられた世代《せだい》です。その恐竜《きょうりゅう》の絶滅《ぜつめつ》を目《め》に焼《や》き付《つ》けるか、見《み》ないですむか、決《き》めるのは議員《ぎいん》のような方《かた》だけなのです」

クレアは自信《じしん》ありげに女性議員《じょせいぎいん》の答《こた》えを待《ま》った。

「ありがとうございます、議員《ぎいん》！」

クレアは安堵《あんど》して礼《れい》を言《い》い、電話《でんわ》を切《き》ると、コーヒーを他《ほか》のボランティアたちの机《つくえ》に配《くば》って回《まわ》った。

気《き》がつくと、フランクリン・ウェッブの机《つくえ》の前《まえ》に立《た》っていた。24歳《さい》の青年《せいねん》は、クレアがコーヒーを机《つくえ》に置《お》いても、彼女《かのじょ》の存在《そんざい》にさえ気《き》づいていない。IT《アイティー》技術者《ぎじゅつしゃ》の彼《かれ》は、どちらかというと人《ひと》づきあいよりもコンピューター作業《さぎょう》のほうに興味《きょうみ》があった。

クレアは部屋《へや》を見回《みまわ》した。優秀《ゆうしゅう》だが若《わか》く、理想《りそう》を追《お》い続《つづ》けるタイプのスタッフたち。彼《かれ》らをうまく導《みちび》くことこそ、ここで自分《じぶん》に課《か》された仕事《しごと》だとクレアは思《おも》った。

「だめだわ、このままじゃ恐竜《きょうりゅう》たちを救《すく》う時間《じかん》が足《た》りない」

クレアが1人《ひとり》つぶやく前《まえ》で、フランクリンが「テレビ見《み》て」と首《くび》を振《ふ》った。

画面《がめん》では、シャーウッド議員《ぎいん》が政府《せいふ》の建物《たてもの》の前《まえ》でしゃべっていた。

「審議《しんぎ》の結果《けっか》、当委員会《とういいんかい》は、イスラ・ヌブラル島《とう》の恐竜救済《きょうりゅうきゅうさい》のために、いかなる特別措置《とくべつそち》も取《と》らないよう、政府《せいふ》に勧告《かんこく》すべきと結論《けつろん》を出《だ》しました。これは神《かみ》のおぼしめしです。恐竜《きょうりゅう》たちには大《おお》いに同情《どうじょう》しますが、もともと一民間企業《いちみんかんきぎょう》が進《すす》めたビジネスに政府《せいふ》が介入《かいにゅう》するのは本末転倒《ほんまってんとう》であります……」

クレアはリモコンでテレビの音声《おんせい》を消《け》した。それ以上聞《いじょうき》かずとも意味《いみ》はわかっていた。

「恐竜《きょうりゅう》たちはみんな死《し》ぬ。でも誰《だれ》も気《き》にしない、っていうことね」

クレアがそうテレビの男《おとこ》の言葉《ことば》を代弁《だいべん》すると、

「いや、おれたちは気《き》にするよ」

フランクリンが真剣《しんけん》に主張《しゅちょう》した。その姿《すがた》に励《はげ》まされ、クレアはジアとフランクリンに笑《え》みを返《かえ》した。


そのとき彼女《かのじょ》の携帯電話《けいたいでんわ》が鳴《な》った。

「ええ、クレア・ディアリングです」

答《こた》えたクレアの顔色《かおいろ》が変《か》わった。相手《あいて》は、クレアと話《はな》したい人物《じんぶつ》がこの電話《でんわ》に出《で》られるまで待《ま》ってもらえるか、と尋《たず》ねている。

「もちろんです、このままいつまでもお待《ま》ちします!」

クレアの目《め》に喜《よろこ》びが満《み》ち、声《こえ》に活力《かつりょく》が戻《もど》った。

第《だい》3章《しょう》　ロックウッド邸《てい》にて

カリフォルニア州北部《しゅうほくぶ》。波《なみ》が切《き》り立《た》った岸壁《がんぺき》に打《う》ちつけている。その上《うえ》の海岸道路《かいがんどうろ》を1台《だい》の黒塗《くろぬ》りの大型高級車《おおがたこうきゅうしゃ》が疾走《しっそう》する。

向《む》かう先《さき》は、杉《すぎ》の森《もり》に囲《かこ》まれた大《おお》きな石造《いしづく》りの邸宅《ていたく》だった。その邸宅《ていたく》は、オーナーの名前《なまえ》から「ロックウッド邸《てい》」と呼《よ》ばれていた。このオーナーこそ、クレアを電話《でんわ》で呼《よ》び出《だ》し、リムジンを送迎《そうげい》に向《む》かわせた人物《じんぶつ》だった。

クレアは、リムジンの後部窓《こうぶまど》からそびえたつ大《おお》きな玄関《げんかん》ゲートを見上《みあ》げた。彼女《かのじょ》の期待《きたい》は高《たか》まっていた。なんといっても相手《あいて》は大富豪《だいふごう》のベンジャミン・ロックウッドだ。うまくいけば、ダイナソー・プロテクション・グループの恐竜保護計画《きょうりゅうほごけいかく》を全面《ぜんめん》バックアップしてくれるかもしれない。

「ようこそディアリング様《さま》、お早《はや》いお着《つ》きで。どうぞ中《なか》へ」

英国風《えいこくふう》アクセントと物腰《ものごし》で迎《むか》えたのは、執事《しつじ》のアイリスだった。60代半《だいなか》ばの古《ふる》めかしい、厳《きび》しい家庭教師《かていきょうし》のような風貌《ふうぼう》と雰囲気《ふんいき》だ。

「ミルズ様《さま》をお呼《よ》びして参《まい》ります」

クレアは広大《こうだい》なレセプションホールに1人《ひとり》立《た》ち、ロックウッドの秘書《ひしょ》ミルズとの面会《めんかい》を待《ま》った。あたりの壁《かべ》にはさまざまな肖像画《しょうぞうが》が飾《かざ》られている。そのうちの1枚《まい》が、顎《あご》から口元《くちもと》まで白《しろ》いひげに覆《おお》われたジョン・ハモンド博士《はかせ》の肖像《しょうぞう》であることにクレアが気《き》づいたとき、絵《え》を見《み》つめる彼女《かのじょ》の背後《はいご》で男《おとこ》の声《こえ》があがった。

「ジョン・アルフレッド・ハモンド……ジュラシック・パークの父《ちち》だ」

振《ふ》り返《かえ》ると、パリッとしたダークスーツに身《み》をつつんだ、30代半《だいなか》ばの男《おとこ》が彼女《かのじょ》にほほ笑《え》みかけていた。

「ようこそ、クレア。イーライ・ミルズです」

男《おとこ》とクレアは握手《あくしゅ》をかわした。

「私《わたし》はベンジャミン・ロックウッドの基金《ききん》を運営《うんえい》しています。7年《ねん》か8年前《ねんまえ》に一度《いちど》会《あ》っているが、覚《おぼ》えていないかな？」

「覚《おぼ》えているわ。大学《だいがく》のときから財団《ざいだん》の運営《うんえい》に――」

当時《とうじ》のことを回想《かいそう》するクレアに、ミルズが笑《え》みをこぼす。

「ベンは自分《じぶん》の富《とみ》を活《い》かすことができる若《わか》き理想家《りそうか》を求《もと》めていた。それが僕《ぼく》だったんだ」

「お2人《ふたり》はとてもいいチームだったわけね」

「理想家《りそうか》と博愛主義者《はくあいしゅぎしゃ》がそろえば、思《おも》いどおりにならないことはない……。ジョン・ハモンドの受《う》け売《う》りだが、僕《ぼく》が言《い》うと、ちょっとひどいね」

クレアが噴《ふ》き出《だ》した。スマートで優《やさ》しい雰囲気《ふんいき》を持《も》つミルズのことをすぐに気《き》に入《い》った。

「では、書斎《しょさい》へ案内《あんない》しましょう」

ミルズに案内《あんない》された書斎《しょさい》は湾曲《わんきょく》したガラス製《せい》の天井《てんじょう》のある広《ひろ》い吹《ふ》き抜《ぬ》けで、2階分《かいぶん》の高《たか》さがあった。ずらりと並《なら》んだ木製《もくせい》の本棚《ほんだな》はさまざまな本《ほん》で埋《う》まっている。見《み》れば、その奥《おく》、突《つ》き当《あ》たりの壁《かべ》は床《ゆか》から天井《てんじょう》までガラスでできていて、その中《なか》に恐竜《きょうりゅう》の生態《せいたい》を再現《さいげん》したジオラマが飾《かざ》られていた。恐竜《きょうりゅう》の模型《もけい》は動物《どうぶつ》たちの闘《たたか》いや食事《しょくじ》、子育《こそだ》てなどの様子《ようす》を再現《さいげん》していた。その手前《てまえ》にはさまざまな恐竜《きょうりゅう》の全身骨格《ぜんしんこっかく》が飾《かざ》られていて、部屋《へや》の中央《ちゅうおう》にはひときわ高《たか》い四角《しかく》い台座《だいざ》があった。その上《うえ》にそびえるのは、大《おお》きなフリルと3本《ぼん》の角《つの》を持《も》つ、トリケラトプスの頭蓋骨《ずがいこつ》だった。

「ここが出発点《しゅっぱつてん》だよ」

ミルズがあたりを見《み》ながら説明《せつめい》する。

「あのジュラシック・パークもここから始《はじ》まった。ハモンドとロックウッドは、この地下《ちか》2

階《かい》に秘密研究所《ひみつけんきゅうじょ》をつくり、琥珀《こはく》から最初《さいしょ》のDNA《ディーエヌエー》を摘出《てきしゅつ》した。そう、この場所《ばしょ》でね」

「彼《かれ》らがここでしたことは、まさに奇跡《きせき》だわ」

クレアが興奮《こうふん》を止《と》められない様子《ようす》で称賛《しょうさん》した。

「ああ、だからこそ、その奇跡《きせき》から生《う》まれた恐竜《きょうりゅう》を守《まも》らなきゃいけないと思《おも》っている。実《じつ》はねクレア、ぜひ君《きみ》にやってほしいと願《ねが》っていることがあるんだ。君《きみ》にしかできないことだ」

ミルズが言《い》いながら指《ゆび》さした先《さき》には、精巧《せいこう》につくられた海辺《うみべ》のジャングルのジオラマがあった。プラスチック製《せい》の恐竜《きょうりゅう》が2頭《とう》ずつ輸送船《ゆそうせん》から降《お》り、上陸《じょうりく》する様子《ようす》を再現《さいげん》していた。すでに上陸《じょうりく》し、緑《みどり》に覆《おお》われた緩《ゆる》やかな起伏《きふく》のある丘《おか》を進《すす》んでいく恐竜《きょうりゅう》たちもいて、船《ふね》から新天地《しんてんち》に到着《とうちゃく》するような場面《ばめん》の再現《さいげん》に見《み》えた。

「そのための土地《とち》ならある。そこはまさにサンクチュアリ(聖域《せいいき》)とでもいうべきところだ」

ミルズがジオラマを見《み》ながら説明《せつめい》する。

「天然《てんねん》のバリアに守《まも》られた、完全《かんぜん》に自立《じりつ》した島《しま》。恐竜《きょうりゅう》たちが安心《あんしん》して自由《じゆう》に暮《く》らせる新《あら》たな故郷《こきょう》だ。われわれの環境問題研究家《かんきょうもんだいけんきゅうか》たちは、そこの天候《てんこう》が現在《げんざい》イスラ・ヌブラル島《とう》にいる恐竜《きょうりゅう》のすべての種類《しゅるい》に適《てき》していると言《い》っている」

クレアは耳《みみ》を疑《うたが》った。

「サンクチュアリですって？　つまり恐竜《きょうりゅう》を救《すく》い出《だ》す気《き》ね！」

「いやディアリングくん。救《すく》われるのは私《わたし》たちだ。罪《つみ》を償《つぐな》うためと言《い》ってもいい」

別《べつ》のしゃがれた声《こえ》に振《ふ》り返《かえ》れば、80代《だい》の老人《ろうじん》が車《くるま》いすで書斎《しょさい》に入《はい》ってくるのが見《み》えた。

「また会《あ》えてうれしいよ」

「こちらこそ、ロックウッドさん」

クレアも答《こた》える。

姿勢《しせい》が前《まえ》かがみで、あまり元気《げんき》がない。その様子《ようす》から、クレアはベンジャミン・ロックウッドの健康状態《けんこうじょうたい》がよくないことを察《さっ》した。

ロックウッドは、車《くるま》いすを恐竜《きょうりゅう》のサンクチュアリが再現《さいげん》されたジオラマまで近《ちか》づけた。

「恐竜《きょうりゅう》たちが平和《へいわ》に暮《く》らすこと、それがジョン・ハモンドの夢《ゆめ》だった。そこで私《わたし》たちはサンクチュアリをつくった。フェンスもなければ檻《おり》もない、もちろん観光客《かんこうきゃく》もいない。あるのは母《はは》なる自然《しぜん》だけ。恐竜《きょうりゅう》たちに人間《にんげん》の保護《ほご》は必要《ひつよう》ない、むしろ人《ひと》はいないほうがいい――。それがジョンの理想《りそう》だった。私《わたし》も若《わか》かった。ジョンと同《おな》じ情熱《じょうねつ》を共有《きょうゆう》していた」

老人《ろうじん》の目《め》が当時《とうじ》を思《おも》い出《だ》すようにそのときだけ輝《かがや》いた。

そのときクレアは、書斎《しょさい》の2階《かい》から小《ちい》さな女《おんな》の子《こ》がこちらをのぞいていることに気《き》づいた。

クレアが見上《みあ》げると、少女《しょうじょ》は慌《あわ》てて物陰《ものかげ》に隠《かく》れてしまった。誰《だれ》だろう、あの女《おんな》の子《こ》……。

「しかしなんと愚《おろ》かだったか。私《わたし》たちは歩《ある》き方《かた》を覚《おぼ》える前《まえ》に走《はし》り出《だ》していたんだ。まあ、若《わか》者《もの》とはそういうものだ。しかし、互《たが》いに学《まな》んだ。そして時《とき》を経《へ》て考《かんが》えに違《ちが》いが生《しょう》じ、2人《ふたり》は別《わか》れた。人生《じんせい》は、苦《にが》い教訓《きょうくん》を与《あた》えてくれるものだ。そうは思《おも》わんかね？」

うなずくクレアの脳裏《のうり》に惨劇《さんげき》がよぎった。あれから私《わたし》たちは何《なに》を学《まな》んだのだろうか……。

アイリスが開《あ》け放《はな》たれたドアから現《あらわ》れ、ロックウッドを静《しず》かに呼《よ》んだ。

ロックウッドがうなずき、

「薬《くすり》の時間《じかん》なので、失礼《しつれい》するよ、クレア。詳《くわ》しいことはそこのミルズと話《はな》してくれ。恐竜《きょうりゅう》を救《すく》うのだ。子供《こども》たちへの……大《おお》きな贈《おく》り物《もの》だ」

そう言《い》うと、ロックウッドは咳《せ》き込《こ》みながら、アイリスに連《つ》れられ部屋《へや》から出《で》ていった。

「あの方《かた》にお子《こ》さんは？」

クレアがさっきの少女《しょうじょ》のことを考《かんが》えながら、ミルズに尋《たず》ねた。

「お孫《まご》さんだ。娘《むすめ》さんが1人《ひとり》いたんだが、事故《じこ》で亡《な》くなっている」

ミルズが答《こた》えた。

「でも、生《い》き写《うつ》しのようにそっくりなんだ……。さあ、私《わたし》のオフィスで話《はな》しましょう」

ミルズのオフィスは通信機器《つうしんきき》やファイルキャビネットで満《み》たされていた。クレアとミルズはイスラ・ヌブラル島《とう》の詳細《しょうさい》な地図《ちず》を広《ひろ》げた。そこでは、島《しま》の最北端《さいほくたん》にある火山《かざん》が目立《めだ》つようにマークされていた。

「それで、私《わたし》に何《なに》をしろと？」

「君《きみ》の働《はたら》いていたジュラシック・パークでは、それぞれの恐竜《きょうりゅう》に追跡用《ついせきよう》のＩＤ《アイディー》チップを埋《う》め込《こ》んでいたはずだ」

「ええ、覚《おぼ》えてる」

クレアにはそう答《こた》えるのがやっとだった。ジュラシック・ワールドが閉園《へいえん》することになったあの壊滅的《かいめつてき》な事件《じけん》は、今《いま》でも思《おも》い出《だ》したくなかった。例《たと》えば、インドミナス・レックスが自分《じぶん》の爪《つめ》で体《からだ》から認識《にんしき》チップをほじくり出《だ》し、暴走《ぼうそう》したときのことなど……。

忘《わす》れようとしていた恐怖《きょうふ》がよみがえる。

「つまり、その追跡《ついせき》システムにアクセスできたら、恐竜《きょうりゅう》の居所《いどころ》をつかみ、安全《あんぜん》に捕獲《ほかく》できる確率《かくりつ》が10倍《ばい》に増《ふ》えるはずだ。それによって……」

「恐竜《きょうりゅう》たちを救《すく》えるわ」

クレアはそうしゃべりながら、意識《いしき》が現在《げんざい》の、この空間《くうかん》へ戻《もど》るのを感《かん》じた。

ミルズが「そのとおり」と、目《め》の前《まえ》でほほ笑《え》んでいた。

「だが、追跡《ついせき》システムを集中管理《しゅうちゅうかんり》している施設《しせつ》は立《た》ち入《い》り禁止区域《きんしくいき》にある。そこへアクセスするには、君《きみ》の掌紋認証《しょうもんにんしょう》がいる」

「それに、追跡《ついせき》システムを再起動《さいきどう》するためにも」

クレアはそう言《い》って片手《かたて》をミルズに掲《かか》げて見《み》せた。ミルズはクレアの手《て》のひらから目《め》を離《はな》し、彼女《かのじょ》の目《め》をじっと見《み》つめた。

「しかし本当《ほんとう》に私《わたし》に必要《ひつよう》なのは君自身《きみじしん》だ。絶滅危惧種《ぜつめつきぐしゅ》の移動《いどう》はもちろん違法《いほう》だが、やらなきゃならない。それには、あそこを誰《だれ》よりもよく知《し》っている君《きみ》の知識《ちしき》がいる」

「どのくらい救《すく》えるの？」

ミルズはコンピューター画面上《がめんじょう》で恐竜《きょうりゅう》の画像《がぞう》をいくつかフリップした。

「少《すく》なくとも11種類《しゅるい》。できたらもっと救《すく》いたいが、時間《じかん》が限《かぎ》られている」

ミルズはヴェロキラプトルの画像《がぞう》で指《ゆび》を止《と》めた。クレアの反応《はんのう》から、ミルズは彼女《かのじょ》が個々《こ こ》の恐竜《きょうりゅう》を認識《にんしき》していることに気《き》づいている。

「そのなかで絶対《ぜったい》にこれだけは連《つ》れ出《だ》したいというのが1頭《とう》いる。いちばん厄介《やっかい》な相手《あいて》だが」

「ブルーよ」

クレアは言《い》いながら、その個体《こたい》こそ、インドミナス・レックスの攻撃《こうげき》から唯一《ゆいいつ》生《い》き延《の》びたヴェロキラプトル……通称《つうしょう》「ラプトル」であることを思《おも》い出《だ》していた。

ミルズは、クレアにはわからない事情《じじょう》があるらしく、同《おな》じように複雑《ふくざつ》な表情《ひょうじょう》をつくって、

「名前《なまえ》があるとは知《し》らなかったが、この星《ほし》で人間《にんげん》の次《つぎ》に知性《ちせい》の発達《はったつ》した種族《しゅぞく》で、しかも最後《さいご》の1頭《とう》だ。こいつだけは保護《ほご》しないと」

クレアが急《きゅう》にけわしい顔《かお》つきになって首《くび》を振《ふ》った。

「彼女《かのじょ》は2キロ先《さき》のにおいを嗅《か》ぎつけるのよ。捕獲《ほかく》は無理《むり》」

ミルズは「そうかな」と意味《いみ》ありげにほほ笑《え》む。

「君《きみ》は、力《ちから》になれる人物《じんぶつ》を知《し》っているはずだ」

クレアはミルズが誰《だれ》のことを言《い》っているのかすぐに察《さっ》した。

「オーウェン・グレイディなら、助《たす》けてはくれないわよ」

ミルズはその答《こた》えがわかっていたかのように、静《しず》かに言《い》った。

「彼《かれ》を説得《せっとく》してくれ」

第《だい》4章《しょう》　オーウェンの葛藤《かっとう》

オーウェン・グレイディは、かつてジュラシック・ワールドで何年《なんねん》ものあいだヴェロキラプトルのトレーニングにあたった調教師《ちょうきょうし》だ。あの事件《じけん》のときも島《しま》にいて、クレアとともに襲《おそ》い来《く》るインドミナス・レックスの恐怖《きょうふ》のなかを生《い》き抜《ぬ》いた。しかしクレアとは常《つね》に立場《たちば》も考《かんが》え方《かた》も異《こと》なっていた。

どうしよう。クレアは迷《まよ》った。しかし最後《さいご》はオーウェンに会《あ》いにいくことを決《き》めた。

レンタカーで向《む》かった先《さき》は、カリフォルニア州東部《しゅうとうぶ》のシエラネバダ山脈奥深《さんみゃくおくぶか》い場所《ばしょ》だった。町《まち》から遠《とお》く離《はな》れた湖《みずうみ》のほとりで、オーウェンは自分用《じぶんよう》の山小屋《やまごや》を建《た》てていたのだ。

クレアが到着《とうちゃく》すると、オーウェンはすでに彼女《かのじょ》が来《く》ることを知《し》っていた。

「先週《せんしゅう》、ロックウッドの秘書《ひしょ》から電話《でんわ》があった」

ハンマーを下《お》ろしながらオーウェンが言《い》った。

「火山噴火《かざんふんか》で吹《ふ》き飛《と》びそうな島《しま》から恐竜《きょうりゅう》たちを救《すく》い出《だ》してくれ、とね。冗談《じょうだん》じゃない」

「私《わたし》は行《い》く」

クレアが断固《だんこ》とした態度《たいど》で答《こた》えた。

「あそこの恐竜《きょうりゅう》たちがいなくなれば、もうそれまでよ」

オーウェンは首《くび》を振《ふ》り、クレアにボトル入《い》りの水《みず》を手渡《てわた》した。

「しかし今回《こんかい》ばかりは君《きみ》の手《て》にも負《お》えない。あきらめるしかないって、クレア」

ボトルを受《う》け取《と》りながら、クレアは得意《とくい》の交渉術《こうしょうじゅつ》を使《つか》いはじめた。

「でもブルーがいる。彼女《かのじょ》をみすみす見殺《みごろ》しにする気《き》？」

オーウェンはしばらく沈黙《ちんもく》し、

「しようがない」

と声《こえ》を絞《しぼ》り出《だ》すように言《い》った。

「あの子《こ》はあなたが育《そだ》てた。何年《なんねん》も一緒《いっしょ》に暮《く》らしてきた家族《かぞく》でしょ？」

クレアの言葉《ことば》にオーウェンは何《なに》も反応《はんのう》しない。それどころか、ハンマーを再《ふた》び手《て》にして、
無言《むごん》で作業《さぎょう》を再開《さいかい》した。

「私《わたし》の思《おも》い違《ちが》いね。あなたが島《しま》のことを気《き》に留《と》めるはずがないのに」

クレアは吐《は》き捨《す》て、自分《じぶん》のレンタカーへ戻《もど》った。

「明日《あした》の朝《あさ》チャーター便《びん》が出《で》るわ。一応《いちおう》、乗客《じょうきゃく》リストにあなたの名前《なまえ》も載《の》ってるから。言《い》い

たかったのはそれだけ」

クレアはドアを勢《いきお》いよく閉《し》め、レンタカーを走《はし》らせた。


その夜《よる》、オーウェンは自分《じぶん》のトレーラーハウスで、パソコン画面《がめん》をのぞいていた。薄暗《うすぐら》い車内《しゃない》で、顔《かお》がパソコン画面《がめん》に映《うつ》るビデオの明滅《めいめつ》に浮《う》かび上《あ》がっている。流《なが》れるビデオは懐《なつ》かしい過去《かこ》の映像《えいぞう》だ。何年《なんねん》も前《まえ》、まだ赤《あか》ん坊《ぼう》だったブルーとその他《た》3頭《とう》のラプトルたち……エコー、デルタ、チャーリー……をトレーニングしている情景《じょうけい》。残念《ざんねん》ながら、ブルー以外《いがい》の3頭《とう》はインドミナス・レックスの餌食《えじき》となってしまった。

ビデオのなかで、オーウェンはラプトルたちに語《かた》りかけている。

「よーし、下《さ》がってろ。焦《あせ》らなくても大丈夫《だいじょうぶ》だ。食《た》べ物《もの》ならたっぷりある」

オーウェンが片手《かたて》をあげると、4頭《とう》の恐竜《きょうりゅう》はまったく同《おな》じタイミングで静止《せいし》した。それは部隊《ぶたい》にも見《み》えたし、家族《かぞく》にさえ見《み》えた。

「今日《きょう》はテンションが高《たか》いな。よーしよし、みんな下《さ》がって」

薄暗《うすぐら》いトレーラーの中《なか》で、オーウェンはラプトルたちとの懐《なつ》かしい映像《えいぞう》を見続《みつづ》けた。オーウェンの顔《かお》に笑《え》みが浮《う》かぶ。思《おも》い出《だ》したのだ。3年以上《ねんいじょう》も前《まえ》になるが、あのときラプトルたちとともに過《す》ごした時間《じかん》のすばらしさを。

オーウェンはいつの間《ま》にか、自分《じぶん》の気持《きも》ちに素直《すなお》に向《む》き合《あ》っていた。

そう、もしもブルーに命《いのち》の危険《きけん》が迫《せま》っているのなら、やはり行《い》くしかない。

救《すく》うのだ……おれが。ブルー！


「メイジー！」

同《おな》じとき、ロックウッド邸《てい》のホール。アイリスが、クレアが見《み》たあの女《おんな》の子《こ》……ロックウッドの孫《まご》を探《さが》している。

「メイジー、メイジー、ねえ、どこなの」

アイリスは苛立《いらだ》っている。くだらない隠《かく》れん坊《ぼう》の相手《あいて》などしている暇《ひま》はないのに……。

ふいにトリケラトプスの頭蓋骨《ずがいこつ》の台座《だいざ》に隠《かく》れていた少女《しょうじょ》が飛《と》び出《だ》し、歓声《かんせい》をあげた。

「ああ」と、アイリスが驚《おどろ》き、胸《むね》を押《お》さえて少女《しょうじょ》をにらみつける。

「いつか私《わたし》の心臓《しんぞう》が止《と》まったらどうするつもり？　森《もり》でライオンたちと暮《く》らすの？」

「森《もり》にライオンなんていないわ」

頭《あたま》のいい子《こ》。ほとんどここに閉《と》じ込《こ》められて暮《く》らしているのに、外《そと》の世界《せかい》の様子《ようす》をよく理《り》解《かい》している。もちろん養育《よういく》も担当《たんとう》する執事《しつじ》アイリスのおかげでもあった。

しかし、自分《じぶん》もロックウッドさんも高齢《こうれい》だ。２人《ふたり》がいなくなったら、この子《こ》はいったい誰《だれ》が面倒《めんどう》を見《み》るのだろう。この少女《しょうじょ》は、自分《じぶん》が何者《なにもの》か、それさえも知《し》らないのだ……。

「お祖父様《じいさま》がお呼《よ》びですよ」

アイリスは用事《ようじ》を思《おも》い出《だ》して言《い》った。

「お祖父様《じいさま》のご用《よう》がすんだらお風呂《ふろ》ですからね」

「お風呂《ふろ》、大《だい》っ嫌《きら》い」

「なんてこと！」

アイリスはまず少女《しょうじょ》の発音《はつおん》や言《い》い方《かた》を直《なお》し、それから、

「レディのたしなみです、入《はい》りなさい！」

「嫌《きら》いよ、きら〜い！」

メイジーは悪戯《いたずら》っぽい笑《え》みを浮《う》かべ反抗《はんこう》する。アイリスは呆《あき》れた表情《ひょうじょう》を隠《かく》し、たしなめた。

「嫌《きら》いでも入《はい》りなさい。野獣《やじゅう》じゃないんですから」

「ウォーッ！」

今度《こんど》はメイジーが両手《りょうて》を顔《かお》の横《よこ》に掲《かか》げ、その顔《かお》を思《おも》いっきりしかめて、アイリスに吠《ほ》えか

かった。

少女《しょうじょ》の笑《わら》い声《ごえ》が建物《たてもの》に反響《はんきょう》し、やがて医療《いりょう》モニターが置《お》かれた寝室《しんしつ》のドアが開《あ》いて、声《こえ》の主《ぬし》が小《ちい》さな顔《かお》をのぞかせた。

「やっと来《き》たか」

ベッドに横《よこ》たわり、アルバムを見《み》ていたロックウッドが、鼻《はな》の眼鏡《めがね》越《ご》しにほほ笑《え》みかけた。手元《てもと》には亡《な》くした愛娘《まなむすめ》の子供《こども》時代《じだい》の写真《しゃしん》があった。庭《にわ》で遊《あそ》ぶ幼少期《ようしょうき》、初《はじ》めて着《つ》けたネックレス、バレエのレッスン……。二度《にど》と取《と》り戻《もど》せない過去《かこ》だった。いや、果《は》たしてそうだろうか。

ロックウッドは少女《しょうじょ》をベッドに座《すわ》るよう呼《よ》び、下《した》で何《なに》をしていたのか尋《たず》ねた。

「白亜紀《はくあき》からジュラ紀《き》まで一日《いちにち》でまわってたの」

ホールの恐竜《きょうりゅう》の展示物《てんじぶつ》は、彼女《かのじょ》の慣《な》れた遊《あそ》び場《ば》だった。

「ほお、何《なに》を見《み》た？」

「1頭《とう》だけT《ティー》レックスがいて、大勢《おおぜい》餌食《えじき》になったわ。アイリスもそう。悲鳴《ひめい》をあげてた」

ロックウッドはその1頭《とう》らしい頭《あたま》を撫《な》でながら笑《わら》った。

「ママのユーモアのセンスを継《つ》いだな」

「ママとよく似《に》てる?」

「ああ、そっくりだよ……」

実際《じっさい》似《に》ていて当然《とうぜん》なのだが、その理由《りゆう》は本人《ほんにん》に話《はな》すつもりはなかった。

「……ママがそこにいるようだ」

と、ロックウッドはつぶやいて、どこか遠《とお》い視線《しせん》で少女《しょうじょ》を見《み》つめるだけだった。

「ママ、パークに行《い》ったことある?」

ロックウッドがうなずき、ほほ笑《え》んだ。

「一度《いちど》、遠《とお》い昔《むかし》にね。ママが生《い》きていたらきっと……」

そう、きっと、あの滅《ほろ》びゆく島《しま》の生《い》き物《もの》たちを救《すく》おうとしただろう。

ロックウッドは遺伝子操作《いでんしそうさ》で復活《ふっかつ》した、太古《たいこ》の動物《どうぶつ》たちの姿《すがた》を思《おも》い浮《う》かべた。

恐竜《きょうりゅう》たちも生《い》きている。そして……。

老人《ろうじん》は写真《しゃしん》の愛娘《まなむすめ》の笑《え》みをその少女《しょうじょ》の顔《かお》に重《かさ》ね、肩《かた》をさすった。

第《だい》5章《しょう》　悪夢《あくむ》の島《しま》へ

とある小《ちい》さな飛行場《ひこうじょう》で、ジアとフランクリンは搭乗員《とうじょういん》に自分《じぶん》たちの荷物《にもつ》を手渡《てわた》していた。

そのプロペラ飛行機《ひこうき》も搭乗員《とうじょういん》も、ロックウッドが提供《ていきょう》したものだ。

フランクリンが神経質《しんけいしつ》そうに小《ちい》さな飛行機《ひこうき》を見《み》つめているのに気《き》づいて、ジアが「リラックスして」と声《こえ》をかけた。「飛行機《ひこうき》より馬《うま》から落《お》ちて死《し》ぬ確率《かくりつ》のほうが高《たか》いんだよ」

「意味《いみ》がないよ、そんな比較《ひかく》」

フランクリンが首《くび》を振《ふ》る。

「なぜなら僕《ぼく》は馬《うま》に乗《の》らないからね。だから馬《うま》で死《し》ぬ確率《かくりつ》なんてもともとゼロだ」

「飛行機《ひこうき》は安全《あんぜん》だってば」

ジアがなだめると、フランクリンがすかさず反論《はんろん》する。

「これが？　いとこのドローンより小《ちい》さいぜ」

「グダグダくだらないこと言《い》ってないで、いい加減《かげん》あきらめな。ほら、早《はや》く乗《の》って」

一方《いっぽう》、クレアがやきもきしながら搭乗口《とうじょうぐち》と滑走路《かっそうろ》を交互《こうご》に眺《なが》めていると、パイロットが近《ちか》づいてきた。

「お待《ま》たせしました。こちらは準備《じゅんび》が整《ととの》いました。あなたのチームを搭乗《とうじょう》させてください」

クレアは「チーム」を振《ふ》り返《かえ》った。といってもたった2人《ふたり》の、フィールド経験《けいけん》が皆無《かいむ》な若者《わかもの》だけである。この先待《さきま》ち構《かま》える仕事《しごと》のことを考《かんが》えると、不安《ふあん》に押《お》しつぶされそうになった。

それでもなんとか不安《ふあん》を隠《かく》すと、クレアはわざと明《あか》るく振《ふ》る舞《ま》った。

「さあみんな、行《い》きましょうか！」

飛行機《ひこうき》に乗《の》り込《こ》みながら、クレアはもう一度《いちど》飛行場《ひこうじょう》のゲート付近《ふきん》を振《ふ》り返《かえ》った。最後《さいご》の瞬間《しゅんかん》に、オーウェンがそこからバイクで現《あらわ》れ、飛行機《ひこうき》に飛《と》び乗《の》ってくる様子《ようす》を夢想《むそう》しながら。

オーウェンは「ノー」と言《い》ったものの、クレアは今《いま》でも彼《かれ》が気変《きが》わりすることを期待《きたい》し続《つづ》けていた。彼《かれ》がいたら、どんなにこの探検《たんけん》に役立《やくだ》つことだろうか。

しかしオーウェンはゲートに現《あらわ》れなかった。

ところがクレアが飛行機《ひこうき》に乗《の》り込《こ》んでみると、いちばん奥《おく》のシートで横《よこ》たわっていた人影《ひとかげ》がのっそりと上体《じょうたい》をあげた。

「オーウェン？」

クレアが驚《おどろ》いて尋《たず》ねると、オーウェンは前《まえ》の向《む》かい合《あ》う席《せき》へ移動《いどう》してくる。

「おれが来《こ》ないとでも思《おも》ったのか」

クレアはオーウェンにジアとフランクリンを紹介《しょうかい》した。ジアはただうなずいて、クレアの向《む》かい側《がわ》に座《すわ》った。フランクリンは握手《あくしゅ》も言葉《ことば》を交《か》わすこともせず、黙《だま》ってオーウェンの向《む》かい側《がわ》に腰《こし》かけた。フランクリンにとって、飛行機《ひこうき》に乗《の》ることの恐怖《きょうふ》が勝《まさ》り、あいさつどころではなかったのだ。

「飛行機《ひこうき》は苦手《にがて》なのかな？」

オーウェンが尋《たず》ねれば、フランクリンはうんざりした目《め》つきで見返《みかえ》し、逆《ぎゃく》に質問《しつもん》をする。

「いつも鞭打《むちう》たれてる暴《あば》れ馬《うま》に乗《の》ったことあります？　そんな感《かん》じなんだけど」

オーウェンは顔色《かおいろ》を変《か》えずに肩《かた》をすくめる。

「ラプトルと一緒《いっしょ》に、ジャングルをバイクで疾走《しっそう》したことはあるよ」

フランクリンは呆気《あっけ》にとられてしばらくオーウェンを見《み》つめ返《かえ》した。

「馬《うま》が合《あ》いそうにないや」

フランクリンの言葉尻《ことばじり》を飲《の》み込《こ》むように、飛行機《ひこうき》のエンジン音《おん》が響《ひび》いた。フランクリンの震《ふる》える手《て》がアームレストをぎゅっと握《にぎ》りしめた。

飛行機《ひこうき》がイスラ・ヌブラル島《とう》に近《ちか》づくと、クレアとオーウェンは感慨深《かんがいぶか》げに窓《まど》から島影《しまかげ》を眺《なが》めた。

かつてプテラノドンが飼育《しいく》されていた建物《たてもの》が見《み》える。しかし今《いま》は生《お》い茂《しげ》る蔓《つる》に覆《おお》われ、見《み》る限《かぎ》りそこにあの翼長《よくちょう》7メートルもあった翼竜《よくりゅう》の姿《すがた》はない。

そう、島《しま》は見《み》た目《め》にはかなり変化《へんか》している。しかしそこは確《たし》かにイスラ・ヌブラル島《とう》、ジュラシック・ワールドの跡地《あとち》なのだ。クレアとオーウェンは知《し》らずと視線《しせん》を合《あ》わせていた。お互《たが》いの記憶《きおく》によみがえるのは、この島《しま》で見《み》た修羅場《しゅらば》だった。

飛行機《ひこうき》は、破壊《はかい》され緑《みどり》に覆《おお》われたジュラシック・ワールドのゲート上空《じょうくう》を通過《つうか》した。

そして小《ちい》さな、土《つち》に覆《おお》われた滑走路《かっそうろ》に着陸《ちゃくりく》した。そこで彼《かれ》らを出迎《でむか》えたのは、封《ふう》じ込《こ》め担当《たんとう》の作業者《さぎょうしゃ》たちと、3人《にん》の武装《ぶそう》した屈強《くっきょう》そうな傭兵《ようへい》たちの前《まえ》に立《た》つ、同様《どうよう》に重装備《じゅうそうび》に身《み》を包《つつ》んだ風格《ふうかく》のある初老《しょろう》の男《おとこ》だった。

その男《おとこ》は飛行機《ひこうき》のタラップから降《お》りてくるクレアに近《ちか》づくと、彼女《かのじょ》が話《はな》す前《まえ》に、

「ケン・ウィートリーだ。ジュラシック・ワールドへようこそ。お帰《かえ》り、かな」

と、自己紹介《じこしょうかい》をした。

クレアはウィートリーの後《うし》ろに仮設《かせつ》のベースキャンプが建《た》てられているのを見《み》た。重装備《じゅうそうび》

の車両《しゃりょう》が何台《なんだい》かあり、麻酔銃《ますいじゅう》を持《も》った男《おとこ》たちが警戒《けいかい》に立《た》っていた。

「たいしたオペレーションだこと」

クレアがつぶやき感心《かんしん》していると、ウィートリーが、

「ロックウッドさんは人道主義《じんどうしゅぎ》を貫《つらぬ》くおつもりだ。慎重《しんちょう》の上《うえ》にも慎重《しんちょう》を期《き》す、だな」

そう言《い》って自嘲《じちょう》気味《ぎみ》に笑《わら》って見《み》せた。

そのあいだにジアとフランクリンが飛行機《ひこうき》から降《お》りていた。そこにウィートリーが近《ちか》づき、ジアのほうへ先《さき》に話《はな》しかけた。

「あんたが古生物獣医師《こせいぶつじゅういし》か。専門《せんもん》の学校《がっこう》に行《い》ったというわけか？」

突然《とつぜん》の質問《しつもん》に驚《おどろ》きながらも、ジアは「行《い》ったわ」と、感情《かんじょう》の伴《ともな》わない声《こえ》で答《こた》えた。

ウィートリーが今度《こんど》はフランクリンに向《む》き直《なお》る。

「で、あんたがコンピューター屋《や》さんかい？」

「システム・アーキテクト。つまり、上級《じょうきゅう》システムエンジニア。情報分析《じょうほうぶんせき》が主《おも》な仕事《しごと》だよ」

と、フランクリンが訂正《ていせい》した。

ウィートリーはフランクリンを相手《あいて》にせず、すでに歩《ある》き出《だ》していた。

「で、ラプトルの調教師《ちょうきょうし》というのは、どいつだい？」

ウィートリーがそうバカにするような声《こえ》をあげたとき、ちょうどパーカに帽子《ぼうし》とサングラス姿《すがた》のオーウェンがタラップを降《お》りたところだった。

「動物行動学者《どうぶつこうどうがくしゃ》と呼《よ》んでもらいたいね」

オーウェンはフランクリンのように訂正《ていせい》しながら、ひと目《め》でウィートリーというその傭兵《ようへい》くずれの男《おとこ》が嫌《きら》いになった。さらにウィートリーのピストルとライフルをちらっと見《み》て、

「で、あんたはなんだい、サファリから帰《かえ》ってきた猛獣《もうじゅう》ハンターかい？」

今度《こんど》はウィートリーが訂正《ていせい》する番《ばん》だ。皮肉《ひにく》のこもった笑《え》みを浮《う》かべ、ウィートリーは、

「ああ、探検隊長《たんけんたいちょう》とでも思《おも》ってくれ」

ウィートリーにしても、オーウェンを仲間《なかま》として見《み》ていなかった。

「じゃあ、こちらへ」

と、ウィートリーはクレアたちをベースキャンプのテントへ案内《あんない》した。

「ああクソ、暑《あつ》くてたまんない」

フランクリンが自分《じぶん》のバッグを担《かつ》ぎながら愚痴《ぐち》った。

「これからもっともっと暑《あつ》くなるわよ」

ジアはそう言《い》って煙《けむり》と炎《ほのお》をあげる火山《かざん》を見上《みあ》げる。オーウェンも火山《かざん》の様子《ようす》をじかに見《み》て、

不安《ふあん》に駆《か》られずにはいられなかった。

「なぁ、クレア。ハモンドさんはこのパークをつくったとき、火山《かざん》が将来問題《しょうらいもんだい》を引《ひ》き起《お》こすとは考《かんが》えていなかったのかな？」

「何千年《なんぜんねん》ものあいだ、あそこは休火山《きゅうかざん》だったらしいわ。専門家《せんもんか》たちは絶対噴火《ぜったいふんか》しないと太鼓判《たいこばん》を押《お》していたそうよ」

「ふん、専門家《せんもんか》ねえ」

聞《き》いていたウィートリーがそう軽蔑《けいべつ》をこめたように言《い》い、冷笑《れいしょう》した。

クレアは驚《おどろ》いてオーウェンと視線《しせん》を交《か》わした。この男《おとこ》の言葉《ことば》づかいや態度《たいど》は、2人《ふたり》にとっていちいち気《き》に障《さわ》って仕方《しかた》ない。それでもこれから山《やま》ほど仕事《しごと》があるため、2人《ふたり》は余計《よけい》なことを考《かんが》えず、感情《かんじょう》を抑《おさ》えようと努《つと》めた。

オーウェンが火山《かざん》に顎《あご》をしゃくりながら、ウィートリーに尋《たず》ねた。

「あれが噴火《ふんか》するまでどのくらい時間《じかん》があるんだい？」

「うちらの火山学者《かざんがくしゃ》が言《い》うには、いつでもありえる、とさ」

それを聞《き》いたフランクリンが緊張《きんちょう》した声《こえ》で、

「いつでもありえる、だって？　ならさあ、もっと早《はや》めに片《かた》づけるようにすれば？」

「100人《にん》の人員《じんいん》と貨物船《かもつせん》はそう簡単《かんたん》に集《あつ》められんのだ」

ウィートリーの返事《へんじ》は、つっけんどんだった。

「それに金《かね》がかかるのなんの。恐竜《きょうりゅう》をやつらの意思《いし》に反《はん》して動《うご》かしてみろよ」

ウィートリーの言《い》わんとすることが、フランクリンには理解《りかい》できなかった。

そのあいだに、クレアはひとつのテントの前《まえ》で足《あし》を止《と》めた。中《なか》に何人《なんにん》ものケガ人《にん》がいるのが見《み》えた。

「何《なに》があったの？」

「何《なに》があったかだって？　この島《しま》に来《き》たら、こうなるのさ」

ウィートリーは険《けわ》しい表情《ひょうじょう》で、

「すでに5人《にん》の仲間《なかま》を失《うしな》ったよ」

クレアに言《い》うと、オーウェンに向《む》き直《なお》った。

「そのうちの2人《ふたり》は、あんたのラプトルさまのおかげだ」

言《い》ってウィートリーが1人《ひとり》で歩《ある》き出《だ》す。それを見《み》ながら、クレアとオーウェンは困惑《こんわく》の表《ひょう》情《じょう》を交《か》わした。2人《ふたり》とも同《おな》じことを考《かんが》えていた。

これは簡単《かんたん》にはいきそうもない……。

第《だい》6章《しょう》　追跡《ついせき》システムを復旧《ふっきゅう》せよ

テントの中《なか》で、クレアたちは島《しま》の地図《ちず》を前《まえ》に話《はな》し合《あ》っていた。イーライ・ミルズのオフィスでクレアが見《み》たものと同《おな》じ地図《ちず》だった。

「追跡《ついせき》システムを再稼働《さいかどう》できる唯一《ゆいいつ》の場所《ばしょ》は……」

クレアが言《い》いながら地図上《ちずじょう》で指《ゆび》を動《うご》かす。

「無線塔《むせんとう》の下《した》の、秘密施設《ひみつしせつ》ね。あそこへ行《い》けば、メインの受信機《じゅしんき》にアクセスできるわ」

「で、どうやってそこまで行《い》くの？」

と、フランクリンが尋《たず》ねる。

「安全《あんぜん》が確保《かくほ》された地下《ちか》トンネルはないの？　大《おお》きなテーマパークにはどこも秘密《ひみつ》の地下《ちか》トンネルが張《は》り巡《めぐ》らされていると聞《き》いたことがあるけど」

ウィートリーがバカにするようにせせら笑《わら》った。しかし隣《となり》でクレアが真顔《まがお》でうなずいて見《み》せた。

「実際《じっさい》パークの地下《ちか》にはいくつかトンネルがあるけど、秘密施設《ひみつしせつ》までつながっているものはないわ。あそこまではクルマで行《い》くしかないわね」

クレアは地図《ちず》を指《ゆび》でなぞり、現在地《げんざいち》から無線塔《むせんとう》までのルートをたどった。

「メインストリートを下《くだ》り、ジャイロスフィア渓谷《けいこく》を通《とお》ることになるわね」

フランクリンが自分《じぶん》でアンテナを付《つ》けて改良《かいりょう》したタブレット端末《たんまつ》を数台《すうだい》取《と》り出《だ》し、クレアたちに手渡《てわた》した。

「パークで以前《いぜん》使《つか》っていたソフトウエアをインストールしてあるんだ。システムにアクセスできたら、このタブレットでそれぞれの恐竜《きょうりゅう》のＩＤ《アイディー》チップを追跡《ついせき》して、種類《しゅるい》を認識《にんしき》することが可能《かのう》になるよ」

ウィートリーは懐疑的《かいぎてき》だった。

「捕獲《ほかく》チームはいつでもできるだけ多《おお》くの恐竜《きょうりゅう》を捕獲《ほかく》する準備《じゅんび》ができている。だが、あんたのラプトルが悩《なや》みの種《たね》だ。やつはすばしっこい。まるで素手《すで》でイカをとるように、すり抜《ぬ》けていく」

オーウェンが苦笑《くしょう》して首《くび》を振《ふ》る。

「ブルーを捕《つか》まえることはできないさ。ただ彼女《かのじょ》が現《あらわ》れるのを願《ねが》うしかできない」

「つまり、あんたとの……つながりを慕《した》って、現《あらわ》れるというのか？」

ウィートリーの問《と》いにオーウェンがうなずく。

「おれたちのオーラは同《おな》じ周波数《しゅうはすう》でできている。満月《まんげつ》の夜《よる》、裸《はだか》で一緒《いっしょ》に何度《なんど》もハンティングをしたせいで、おれたちは生体的《せいたいてき》リズムを同調《どうちょう》させるようになったんだ」

ウィートリーはただ呆気《あっけ》にとられて見返《みかえ》している。

「ハハ、冗談《じょうだん》だよ」

そう言《い》ってオーウェンが笑《わら》い返《かえ》した。

「おれはただ、彼女《かのじょ》の好《す》きな食《た》べ物《もの》を知《し》っているだけさ」

そのときググーン、と轟音《ごうおん》がひびき、大型《おおがた》の6輪《りん》で、武装《ぶそう》した車両《しゃりょう》が止《と》まった。分厚《ぶあつ》い鉄《てつ》の装甲《そうこう》で守《まも》られ、爆弾《ばくだん》の中《なか》を走行《そうこう》できるようにつくられた特殊《とくしゅ》なクルマだった。

「これ、実《じつ》は僕《ぼく》が呼《よ》んだんだ」

そうフランクリンが冗談《じょうだん》を言《い》いながら、武装車両《ぶそうしゃりょう》に乗《の》り込《こ》んだ。

クレアのチームとウィートリーの追跡班《ついせきはん》が2台《だい》のクルマに分乗《ぶんじょう》した。やがてベースキャンプを取《と》り囲《かこ》むフェンスのセキュリティーゲートを通《とお》りすぎ、その後《あと》をヴェロキラプトルを積《つ》むのに十分《じゅうぶん》な大《おお》きさの檻《おり》を積《つ》んだトラックが出《で》ていった。

1台《だい》の車両《しゃりょう》の中《なか》で、オーウェンがジアとクレアに挟《はさ》まれて座《すわ》っている。フランクリンは防《ぼう》虫《ちゅう》スプレーの噴霧《ふんむ》に余念《よねん》がない。一方《いっぽう》で、ウィートリーと追跡班《ついせきはん》が麻酔銃《ますいじゅう》の手入《てい》れに忙《いそが》しい。ジアが窓《まど》からセキュリティータワーにいる傭兵《ようへい》を見上《みあ》げた。傭兵《ようへい》は両手《りょうて》を大《おお》きな機銃《きじゅう》の上《うえ》に置《お》いていた。

コツン、コツンという音《おと》にジアが振《ふ》り返《かえ》れば、フランクリンが車両《しゃりょう》の内壁《ないへき》を叩《たた》いて、強度《きょうど》を確認《かくにん》していた。この先待《さきま》ち構《かま》える危険性《きけんせい》からか、その顔《かお》は緊張《きんちょう》でこわばっている。

「T《ティー》レックスはもう死《し》んでいるんだよね？」

平静《へいせい》を装《よそお》いながらフランクリンがジアに向《む》き直《なお》った。

「恐竜《きょうりゅう》の寿命《じゅみょう》って、どのくらい？」

「さあ、最大何年生《さいだいなんねんい》きるのか、それを知《し》るのは不可能《ふかのう》ね。特《とく》にまったく異《こと》なる環境《かんきょう》でクローン技術《ぎじゅつ》により生《う》まれたものは。例《たと》えば、寿命《じゅみょう》20年《ねん》だった石器時代《せっきじだい》の原始人《げんしじん》に現代《げんだい》の食事《しょくじ》と先《せん》端医療《たんいりょう》を与《あた》えたら、5倍《ばい》は長生《ながい》きできるわ」

なるほど。しかしそれはフランクリンが聞《き》きたかった答《こた》えではなかった。

「だけど、T《ティー》レックスはもう死《し》んでいるよね？　違《ちが》う？」

3台《だい》のクルマがジャングルに入《はい》っていった。遠《とお》くで噴煙《ふんえん》を吐《は》く火山《かざん》から、火山灰《かざんばい》が降《ふ》り注《そそ》いでいる。

車列《しゃれつ》はすぐにジュラシック・ワールドのメインストリートに着《つ》いた。かつて来園者《らいえんしゃ》たちが恐竜観光中《きょうりゅうかんこうちゅう》に休憩《きゅうけい》し、軽食《けいしょく》をとったり、友人《ゆうじん》や家族《かぞく》にお土産《みやげ》を買《か》ったりした場所《ばしょ》だ。しかし今《いま》はジャングルの植物《しょくぶつ》に飲《の》み込《こ》まれ、荒廃《こうはい》したまま放置《ほうち》されている。建物《たてもの》は蔓《つる》で覆《おお》われ、窓《まど》は壊《こわ》れ、ギフトショップで売《う》っていた恐竜《きょうりゅう》のフィギュアなどのお土産品《みやげひん》が路上《ろじょう》に散乱《さんらん》する様《さま》からは、往時《おうじ》の面影《おもかげ》もうかがえない。

その惨状《さんじょう》を車両《しゃりょう》の強化《きょうか》ガラス越《ご》しに見《み》たクレアは、あの日《ひ》、プテラノドンに襲《おそ》われてこの通《とお》りを逃《に》げ惑《まど》っていた群衆《ぐんしゅう》を思《おも》い出《だ》していた。彼女自身《かのじょじしん》、自分《じぶん》のおいっ子《こ》たちを襲《おそ》い来《く》る恐竜《きょうりゅう》から守《まも》ろうと必死《ひっし》だった。今《いま》でもヴェロキラプトル、T《ティー》レックス、インドミナス・レックス、モササウルスの大《おお》きな牙《きば》や咆哮《ほうこう》、捕食者《ほしょくしゃ》である恐竜《きょうりゅう》の鋭《するど》い目《め》が脳裏《のうり》に鮮《あざ》やかによみがえるのだった。

「嫌《いや》な思《おも》い出《で》がよぎるか？」

ウィートリーにからかうように訊《たず》ねられ、オーウェンが、

「いいものもある」

そうしみじみと答《こた》えたとき、あたりに昔感《むかしかん》じたのと同《おな》じ気配《けはい》が湧《わ》いた。ブルブルと震《ふる》える

息《いき》づかい、地面《じめん》の振動《しんどう》。いる。それもすぐ近《ちか》くに。

「T《ティー》レックス？」

フランクリンがおびえて、誰《だれ》となく聞《き》いた。

そうではない、オーウェンがそう言《い》う前《まえ》に、ジアが、

「確認《かくにん》しなくちゃ」

と言《い》ってクルマを降《お》りはじめた。ウィートリーが慌《あわ》てて呼《よ》び止《と》める。

「おい、待《ま》て、ここはまだ危険《きけん》エリアだぞ！」

ジアや作業員《さぎょういん》に続《つづ》いて、クレアやオーウェンも下車《げしゃ》した。

ズシン！

彼《かれ》らのすぐ近《ちか》くに、突如《とつじょ》ゾウのそれを何倍《なんばい》にも大《おお》きくしたような脚《あし》が現《あらわ》れ、地面《じめん》を踏《ふ》み鳴《な》らした。ジアたちが驚《おどろ》いて見上《みあ》げれば、メインストリート沿《ぞ》いに植《う》えられたヤシの木《き》のてっぺんに上《うえ》から接近《せっきん》する頭《あたま》と口《くち》。それが長《なが》い首《くび》を曲《ま》げた先《さき》にあることに気《き》づくと同時《どうじ》に、ジアとフランクリンの視界《しかい》を灰色《はいいろ》の巨体《きょたい》が埋《う》め尽《つ》くした。

彼《かれ》らの目《め》の前《まえ》で、巨大《きょだい》な草食性恐竜《そうしょくせいきょうりゅう》がその長《なが》い首《くび》を伸《の》ばし、木々《きぎ》のいちばん高《たか》いところにある葉《は》をついばんでいた。

「生《なま》でこの光景《こうけい》を見《み》られるなんて……なんて美《うつく》しいの」

ジアがクレアの隣《となり》でうっとりとブラキオサウルスを見《み》つめていると、

「あいつらは決《けっ》してフレンドリーじゃないぜ。覚《おぼ》えてるだろう?」

ウィートリーがそう言《い》ってクレアとオーウェンに目配《めくば》せした。

クレアとオーウェンは目《め》でうなずき合《あ》った。

そう、覚《おぼ》えている。確《たし》かに……。


のんびりと食事《しょくじ》を続《つづ》けるブラキオサウルスに別《わか》れを告《つ》げ、車列《しゃれつ》はメインストリートを再《ふたた》び走《はし》り出《だ》した。

やがて景色《けしき》が開《ひら》けた。ジャイロスフィア渓谷《けいこく》だ。草地《くさち》は荒《あ》れ果《は》て、あちこちに肉食恐竜《にくしょくきょうりゅう》が片《かた》づけた後《あと》の恐竜《きょうりゅう》の骨《ほね》が散《ち》らばっている。さらに壊《こわ》れて放置《ほうち》されたジャイロスフィアも。それはかつて観光客《かんこうきゃく》が乗《の》り込《こ》み、ジュラシック・ワールドの巨大《きょだい》な草食恐竜《そうしょくきょうりゅう》たちのあいだを走《はし》り、見学《けんがく》した乗《の》り物《もの》だった。そんなジャイロスフィアが渓谷《けいこく》の底《そこ》に散乱《さんらん》している様子《ようす》は、巨人《きょじん》の置《お》き忘《わす》れたおもちゃでも見《み》ているかのようだった。

目指《めざ》す場所《ばしょ》まではそれほど時間《じかん》がかからなかった。渓谷《けいこく》を見下《みお》ろす山《やま》に掘《ほ》られた秘密施設《ひみつしせつ》。

その上《うえ》にそびえたつのは、高《たか》い、錆《さ》びた無線塔《むせんとう》だった。

3台《だい》の装甲車《そうこうしゃ》が集《あつ》まり、停車《ていしゃ》した。クレアのチームが降《お》りて、仕事《しごと》にとりかかった。クレアの指《ゆび》さすアクセスパネルにフランクリンが向《む》かい、自分《じぶん》のタブレット端末《たんまつ》を接続《せつぞく》した。秘《ひ》密施設《みっしせつ》のドアを開《あ》けるには、そうやってセキュリティーシステムに入《はい》る必要《ひつよう》があった。

フランクリンが作業《さぎょう》をするあいだ、オーウェン、クレア、ジアは荒廃《こうはい》したパークを見下《みお》ろしていた。

そのときだった。突然大《とつぜんおお》きな地鳴《じな》りが響《ひび》き、地面《じめん》が激《はげ》しく揺《ゆ》れはじめた。恐竜《きょうりゅう》ではない。火山性《かざんせい》の地震《じしん》だ。

フランクリンが叫《さけ》び、オーウェンにしがみついた。クレアは秘密施設《ひみつしせつ》の壁《かべ》によりかかり、バランスをとった。一方《いっぽう》で、ジアは揺《ゆ》れにもてあそばれた。

ウィートリーといえば、パニックに陥《おちい》るフランクリンを見《み》てせせら笑《わら》っている。

「大丈夫《だいじょうぶ》かい、坊《ぼう》や。今《いま》のは小《ちい》さかったぜ」

フランクリンはタブレット端末《たんまつ》に意識《いしき》を戻《もど》すと、残《のこ》りの数桁《すうけた》の数字《すうじ》を打《う》ち込《こ》んだ。すると施設《しせつ》のドアがゆっくりと開《ひら》きはじめた。

「どうぞ、おじさん」

と、フランクリンはウィートリーに皮肉《ひにく》っぽい笑《え》みを浮《う》かべて言《い》った。

言《い》われたとおりウィートリーが先《さき》に入《はい》り、クレアと彼女《かのじょ》のチームが続《つづ》いた。そのあいだウィートリーの部下《ぶか》たちは外《そと》にいて、ライフルを構《かま》えあたりを警戒《けいかい》している。

秘密施設《ひみつしせつ》の内部《ないぶ》はとても埃《ほこり》っぽく、長《なが》いあいだ電源《でんげん》が入《はい》っていないコンピューターとそのモニター機器《きき》、無線機械《むせんきかい》で埋《う》め尽《つ》くされていた。フランクリンは鉄製《てっせい》のキャビネットを見《み》つけ、内部《ないぶ》を調《しら》べはじめた。そこには何百《なんびゃく》というワイヤが張《は》りめぐらされている。フランクリンは目当《めあ》てのワイヤを見《み》つけると、自分《じぶん》のタブレットをつなぎ、システムに入《はい》った。やがてあちこちで明《あ》かりが灯《とも》りはじめ、長《なが》いあいだ休眠《きゅうみん》していた装置《そうち》にパワーがつながっていった。

「恐竜《きょうりゅう》たちのＩＤ《アイディー》チップって、今《いま》でも信号《しんごう》を出《だ》しているの？」

ジアが尋《たず》ねた。

「電池《でんち》が切《き》れていない？」

「いいえ、恐竜自体《きょうりゅうじたい》が電池《でんち》なの」

代《か》わりに答《こた》えたのはクレアだった。

「通信機《つうしんき》は恐竜《きょうりゅう》の体温《たいおん》と体《からだ》の動《うご》きによって発電《はつでん》するの」

クレアはそう言《い》いながら手《て》のひらをハンドスキャナーへかざした。

「いつまでこうしていれば……」

「起動《きどう》した」

言葉《ことば》の途中《とちゅう》でフランクリンが答《こた》えたので、クレアは驚《おどろ》いた。オーウェンもまゆを上《あ》げ、フランクリンの腕前《うでまえ》に感心《かんしん》している。

「それほどできるなら、アメリカ国家安全保障局《こっかあんぜんほしょうきょく》で仕事《しごと》が見《み》つかるだろうよ」

オーウェンの指摘《してき》にフランクリンは、

「申請《しんせい》したよ。２度《ど》ね」

ジアが横《よこ》で肩《かた》をすくめ、オーウェンに説明《せつめい》する。

「実際《じっさい》の職場《しょくば》で仕事《しごと》を見《み》つけるには、彼《かれ》、対人関係《たいじんかんけい》がちょっとね……」

スクリーンにパークの地図《ちず》が浮《う》かび上《あ》がった。恐竜《きょうりゅう》たちの位置《いち》が点《てん》となって表示《ひょうじ》されている。その多《おお》くが島《しま》の東海岸《ひがしかいがん》に集《あつ》まっていた。

「うちの輸送船《ゆそうせん》だ。もうだいぶ捕《つか》まえた。草食《そうしょく》のでかいのは簡単《かんたん》だ」

ウィートリーが言《い》った。

「で、ラプトルを特定《とくてい》できるか？」

「コードさえわかれば」

フランクリンが言《い》うと、クレアが、

「D《ディー》9よ」

と、躊躇《ちゅうちょ》せずに教《おし》えた。

フランクリンがコードをタブレットに入力《にゅうりょく》した。点《てん》が次々《つぎつぎ》と消《き》え、ひとつだけが残《のこ》った。

「よし、いたぞ。オレが行《い》く」

オーウェンが言《い》って、フランクリンを振《ふ》り返《かえ》った。

「追跡《ついせき》システムをポータブルにできるか？」

言《い》われると同時《どうじ》に、フランクリンはオーウェンにタブレット端末《たんまつ》を渡《わた》した。

「用意《ようい》してあるよ。ただ、そちらの端末《たんまつ》へ送信《そうしん》をするために、僕《ぼく》がここにいてログイン状態《じょうたい》をキープする必要《ひつよう》があるけど」

「私《わたし》も行《い》く」

ジアがオーウェンに言《い》った。

「ブルーがどんな体調《たいちょう》か、不安《ふあん》だから」

「危険《きけん》だ。何《なに》が起《お》きるかわからんぞ」

と、ウィートリーが警告《けいこく》した。

そのあいだに、ジアはウィートリーの大《おお》きな麻酔銃用《ますいじゅうよう》カートリッジを手《て》にとっていた。

「かなり強力《きょうりょく》な麻酔《ますい》ね。使《つか》い過《す》ぎれば、ブルーは呼吸困難《こきゅうこんなん》に陥《おちい》るかもしれない。もしそんなことになったら、私《わたし》が必要《ひつよう》になるわ。それに、私《わたし》はあなたが思《おも》うほどヤワでもバカでもない。行《い》くよマッチョマン」

ジアが堂々《どうどう》と歩《ある》き出《だ》すと、興味《きょうみ》を持《も》ったオーウェンがその後《あと》に続《つづ》いた。不意《ふい》にクレアがオーウェンを止《と》めた。

「気《き》をつけて……いいわね？」

「もしおれが戻《もど》らなかったら」

と、オーウェンがクレアを見《み》つめ返《かえ》す。

「忘《わす》れるな。君《きみ》がおれを誘《さそ》ったんだ。生《い》きて戻《もど》るよ」

クレアが笑《え》みを返《かえ》すのを見《み》て、オーウェンは揚々《ようよう》と部屋《へや》を出《で》ていった。

第《だい》7章《しょう》　ブルーはどこに？

ジャングルの外側《そとがわ》に沿《そ》って武装《ぶそう》した車両《しゃりょう》が疾走《しっそう》している。その中《なか》で、オーウェンが自分《じぶん》のタブレット端末《たんまつ》を確認《かくにん》していた。

ブルーが近《ちか》くにいる……。

「トラックで近《ちか》づけば逃《に》げられる。ここで止《と》めろ」

オーウェンが叫《さけ》んだ。

「止《と》めろ。フル装備《そうび》、迅速《じんそく》、生還《せいかん》だ」

ウィートリーが皆《みな》に呼《よ》びかけた。

深《ふか》い草《くさ》むらに向《む》かい、オーウェンが先導《せんどう》して歩《ある》き出《だ》した。医療用器材《いりょうようきざい》の入《はい》ったバックパックを背《せ》に、すぐ後《うし》ろにジアが続《つづ》いた。ウィートリーと彼《かれ》の部下《ぶか》たちがいちばん後《うし》ろについてガードしている。

「背後《はいご》は任《まか》せろ、きょうだい」

いつ何《なに》が近《ちか》づいてもいいように、準備万端《じゅんびばんたん》だ。麻酔銃《ますいじゅう》の銃口《じゅうこう》も四方《しほう》へ向《む》けられていた。

ジャングルを進《すす》む彼《かれ》らの前《まえ》に現《あらわ》れたのは恐竜《きょうりゅう》の死骸《しがい》だった。一部《いちぶ》が食《た》べられている。つまり、肉食恐竜《にくしょくきょうりゅう》がここでつい最近《さいきん》まで食事《しょくじ》をしていたのだ。

背後《はいご》のジャングルで、何《なに》かがうごめいていた。まだ誰《だれ》も気《き》づいてはいない。

そのときオーウェンが泥《どろ》の上《うえ》に何《なに》かを見《み》つけた。ラプトルの足跡《あしあと》だ。

すぐに自分《じぶん》のタブレット端末《たんまつ》をチェックした。ブルーのビーコンが近《ちか》くにいることを示《しめ》していた。オーウェンはタブレット端末《たんまつ》をジアのバックパックにしまった。

「ここからは、おれ1人《ひとり》でブルーを追《お》う」

ウィートリーも止《と》めようとはしなかった。

「お好《す》きにどうぞ」

ウィートリーにとって、すでに部下《ぶか》を2人《ふたり》犠牲《ぎせい》にしている相手《あいて》だ。自分《じぶん》が3人目《にんめ》の犠牲者《ぎせいしゃ》になる確率《かくりつ》は決《けっ》して低《ひく》くはなかった。

秘密施設《ひみつしせつ》ではフランクリンが消《き》えている電球《でんきゅう》を指先《ゆびさき》で叩《たた》いていた。

「直《なお》った」

明《あ》かりがついてフランクリンが喜《よろこ》んだのもつかの間《ま》、すぐにショートし消《き》えてしまった。

「もう修理《しゅうり》とかしないでいいから」

クレアがそう命令《めいれい》しながら自分《じぶん》の時計《とけい》を見《み》た。オーウェンとジアがなかなか戻《もど》ってこないことにイラついていた。フランクリンがやってきて、クレアの隣《となり》のいすに身体《からだ》を沈《しず》めた。

ブー、ブー。

そのときフランクリンのタブレットから警告音《けいこくおん》が聞《き》こえた。フランクリンが立《た》ち上《あ》がる。

警告音《けいこくおん》は、オーウェンとブルーが最接近《さいせっきん》したことを知《し》らせるものだった。

「すぐそばにいるわよ……」

クレアが不安《ふあん》げにつぶやいた。


ジャングルの奥深《おくふか》く……。

オーウェンは生《お》い茂《しげ》る草《くさ》をかき分《わ》け進《すす》んでいた。

蒸《む》し暑《あつ》く、風《かぜ》がない。空気《くうき》がよどみ、虫《むし》の音《ね》だけが聞《き》こえた。上《うえ》には青空《あおぞら》が広《ひろ》がっているはずなのに、木々《きぎ》が日差《ひざ》しを遮《さえぎ》り、ジャングルは昼《ひる》なお暗《くら》い別世界《べっせかい》だった。

オーウェンは水《みず》が岩《いわ》を叩《たた》いて流《なが》れる音《おと》を聞《き》いた。草《くさ》をかき分《わ》け進《すす》むと、小川《おがわ》が流《なが》れている。数歩《すうほ》その流《なが》れに沿《そ》って歩《ある》いたオーウェンは、水辺《みずべ》から細《ほそ》い獣道《けものみち》が続《つづ》いていることに気《き》づいた。

生《い》き物《もの》がこの道《みち》を通《とお》って小川《おがわ》へ行《い》き、水《みず》を飲《の》んでいるに違《ちが》いなかった。オーウェンはひざをつき、ラプトルの痕跡《こんせき》がないかチェックした。そのときだった。

何《なに》かがオーウェンを見《み》つめている……。

ゆっくりと腰《こし》を上《あ》げた。視線《しせん》をジャングルに向《む》け、気配《けはい》を探《さぐ》る。耳《みみ》をそばだてる。緑《みどり》の奥《おく》深《ふか》く、何《なに》かが動《うご》くのがわかった。ゆさゆさと、わずかながら葉《は》が揺《ゆ》れている。

気《き》づかぬふりをしながら、オーウェンは獣道《けものみち》に沿《そ》って歩《ある》き続《つづ》けた。

岩《いわ》だらけの急《きゅう》な崖《がけ》の下《した》に来《き》ていた。そこでオーウェンはゴツゴツした1本《ぽん》の木《き》を見《み》つけた。その木《き》の下《した》には、蔓《つる》に覆《おお》われた、古《ふる》く錆《さ》びたジュラシック・パークのクルマの残骸《ざんがい》があった。その周囲《しゅうい》に散《ち》らばっているのは、小《ちい》さな動物《どうぶつ》の骨《ほね》だった。

何《なに》かがここをすみかにしている。狩猟《しゅりょう》をする動物《どうぶつ》だ。

やぶの中《なか》で再《ふたた》び何《なに》かが動《うご》いた。

「そこにいるんだろ？」

オーウェンが静《しず》かに呼《よ》びかけた。ブルーに違《ちが》いなかった。

しかしオーウェンは落《お》ち着《つ》かない。ブルーが自分《じぶん》のことを覚《おぼ》えているかどうか、まったく想像《そうぞう》がつかなかった。もしや、襲《おそ》ってくるのでは……。すでに3年《ねん》も会《あ》っていないのだ。

オーウェンは意《い》を決《けっ》した。両手《りょうて》を広《ひろ》げ、前《まえ》に伸《の》ばすと、気配《けはい》のある茂《しげ》みへゆっくりと近《ちか》づいた。

近《ちか》くにいる……。そのとき、

シャアアアアアア！

小《ちい》さな生《い》き物《もの》が足元《あしもと》を走《はし》り抜《ぬ》けた。小型肉食恐竜《こがたにくしょくきょうりゅう》のコンプソグナトゥスだ。ニワトリほどの大《おお》きさの恐竜《きょうりゅう》で、一目散《いちもくさん》に何《なに》かから逃《に》げていく。

オーウェンは安堵《あんど》して、彼《かれ》らが走《はし》り去《さ》るのをしばらく見守《みまも》った。

バ〰〰〰〰ン！

突然《とつぜん》の衝撃音《しょうげきおん》に驚《おどろ》いて振《ふ》り返《かえ》れば、大《おお》きな影《かげ》が揺《ゆ》れていた。

木《き》から飛《と》び降《お》りたのか、クルマの残骸《ざんがい》の上《うえ》にブルーが立《た》っていた。

第《だい》8章《しょう》　再会《さいかい》、そして裏切《うらぎ》り

オーウェンは身体《からだ》を翻《ひるがえ》し、3年以上《ねんいじょう》ぶりに見《み》るそのラプトルと対峙《たいじ》した。

「ブルー、久《ひさ》しぶりだな」

と、オーウェンは優《やさ》しく話《はな》しかけた。

「おれに会《あ》いたかったかい？」

ブルーはシューッと音《おと》をたて、歯《は》を叩《たた》いて威嚇音《いかくおん》をだした。それから口《くち》を開《あ》け、鋭《するど》い牙《きば》をオーウェンに見《み》せた。警戒《けいかい》し怒《おこ》っているのか。オーウェンに会《あ》いたかったとは決《けっ》して思《おも》えない、激《はげ》しい反応《はんのう》だった。

オーウェンは片手《かたて》をあげ、クリッカーで音《おと》を出《だ》した。ブルーとその兄弟《きょうだい》たちをトレーニングしていたときに使《つか》った調教用《ちょうきょうよう》の合図《あいず》だった。その音《おと》によって、自分《じぶん》が群《む》れのリーダーであることを教《おし》え、指示《しじ》に従《したが》わせたのだった。今《いま》もオーウェンは自分《じぶん》がリーダーで、威嚇音《いかくおん》などで怯《ひる》む相手《あいて》でないことを、ブルーに思《おも》い出《だ》させようとしていた。

ブルーはじっとオーウェンを見《み》つめていたが、やがて低《ひく》く唸《うな》った。

「おい！」

オーウェンが警告《けいこく》するように言《い》った。するとブルーは唸《うな》るのをやめた。

「大丈夫《だいじょうぶ》だ」

オーウェンは相手《あいて》を落《お》ち着《つ》かせようとした。

目《め》はブルーに注《そそ》ぎ、一方《いっぽう》の手《て》を前《まえ》に伸《の》ばし、もう一方《いっぽう》を自分《じぶん》のバッグの中《なか》に忍《しの》ばせた。

「いいものを持《も》ってきた」

オーウェンはそう言《い》ってネズミの死骸《しがい》のしっぽをつまみながら取《と》り出《だ》し、ブルーが見《み》て、においを嗅《か》げる位置《いち》に掲《かか》げた。

「おやつだ。好《す》きだったろ？」

オーウェンは手《て》を少《すこ》しずつブルーに近《ちか》づけ、彼女《かのじょ》のごちそうを差《さ》し出《だ》した。

ところがブルーはごちそうに目《め》もくれなかった。やはり警戒《けいかい》しているようだ。再《ふたた》び歯《は》で威嚇音《いかくおん》をたてはじめると、後《あと》ずさりした。

オーウェンは焦《あせ》った。これはうまくいきそうにない……。もしブルーがこのネズミを食《た》べないのなら、他《ほか》にできることがあるのか？

「どうしたんだ、ブルー」

オーウェンは気《き》を取《と》り直《なお》し、話《はな》しかけた。

「覚《おぼ》えているだろう、おれのことを。ネズミをとれよ。何《なに》も仕掛《しか》けなどないよ、誓《ちか》って言《い》うからさ」

ブルーはまるでオーウェンの言葉《ことば》の意味《いみ》を考《かんが》えているかのように、頭《あたま》を傾《かたむ》けている。それから、あたりのにおいを嗅《か》ぐように鼻《はな》を動《うご》かした。何《なに》かを感《かん》じたようだが、ブルー自身《じしん》それが何《なに》か気《き》づいていない。ラプトルはもう一度《いちど》低《ひく》く唸《うな》った。

「おれをよく見《み》ろ」

オーウェンが命令《めいれい》した。

「こっちだ」

ブルーがオーウェンの目《め》をじかに見《み》つめた。

「そうだ、そう、いいぞ」

ブルーはしばらく固《かた》まったように動《うご》かずにいた。それからゆっくりと右脚《みぎあし》をあげ、一歩《いっぽ》、小《ちい》さく前《まえ》に動《うご》いた。そのポーズを少《すこ》しのあいだとったまま、動《うご》きを止《と》めた。そして今度《こんど》は左《ひだり》脚《あし》で小《ちい》さく前進《ぜんしん》した。

オーウェンはネズミを少《すこ》し高《たか》くあげた。

「おいで、大丈夫《だいじょうぶ》だ」

ブルーはかつてのリーダーを警戒《けいかい》しながら見《み》つめている。そしてのどで低《ひく》い、やわらかな唸《うな》り声《ごえ》を漏《も》らした。

オーウェンがもう一方《いっぽう》の手《て》を少《すこ》しあげた。唸《うな》り声《ごえ》を禁《きん》じるようなジェスチャーだった。

ブルーがようやくクルマから降《お》りて、オーウェンに近《ちか》づいてきた。すでに数十《すうじっ》センチ先《さき》にいる。オーウェンがブルーの信頼《しんらい》を取《と》り戻《もど》すことに成功《せいこう》したのだ。

「いい子《こ》だ」

オーウェンがささやき、ネズミをブルーの口元《くちもと》へ近《ちか》づけた。指先《ゆびさき》で揺《ゆ》れるネズミに、ブルーが顔《かお》を近《ちか》づける。オーウェンがネズミをブルーの口《くち》へ今《いま》にも落《お》とそうとした、まさにその瞬間《しゅんかん》だった。

スルスルルウウウウ！

麻酔銃《ますいじゅう》から放《はな》たれたダーツ形《がた》のカプセルが、ブルーの脇腹《わきばら》に突《つ》き刺《さ》さった。ブルーが身《み》をよじり、歯《は》をむき出《だ》した。

「おい！」

と、オーウェンが周囲《しゅうい》に潜《ひそ》む男《おとこ》たちに叫《さけ》んだ。

「おれの合図《あいず》を待《ま》てと言《い》ったはずだ！」

ウィートリーと彼《かれ》の部下《ぶか》たちがやぶから現《あらわ》れた。武器《ぶき》をかまえ、ブルーに照準《しょうじゅん》を合《あ》わせている。ブルーを麻酔銃《ますいじゅう》で撃《う》ったのはウィートリーだった。彼《かれ》にはオーウェンの合図《あいず》を待《ま》つつもりなど最初《さいしょ》からなかったのだ。

ブルーがわずかによろめいた。しかしまだ倒《たお》れていない。麻酔《ますい》の量《りょう》が1発《ぱつ》では足《た》りず、倒《たお》すに至《いた》っていないのだ。

「ウィートリー、下《さ》がれ！」

オーウェンが叫《さけ》んだ。注意深《ちゅういぶか》く進《すす》めたブルーへのアプローチを邪魔《じゃま》され、オーウェンは怒《いか》り心頭《しんとう》だった。こうなったら、ブルーの信頼《しんらい》を取《と》り戻《もど》すことなど到底不可能《とうていふかのう》だ。

「静《しず》かにするんだ！」

ウィートリーはオーウェンを無視《むし》し、ブルーに話《はな》しかけた。麻酔銃《ますいじゅう》の銃口《じゅうこう》はブルーに向《む》けたままだった。

「ダーツではお前《まえ》は傷《きず》つかない。ただ、親知《おやし》らずを抜《ぬ》くときのように、チクッとするだけだ」

ひげ面《づら》の傭兵《ようへい》がもう1発《ぱつ》麻酔銃《ますいじゅう》を撃《う》った。しかし撃《う》つのが遅《おそ》かった。その瞬間《しゅんかん》、ブルーはすでに宙《ちゅう》に舞《ま》っていたのだ。

跳《と》び上《あ》がったラプトルは、両足《りょうあし》の鋭《するど》い爪《つめ》で襲《おそ》うように着地《ちゃくち》した。パニックに襲《おそ》われた傭兵《ようへい》は、ホルスターで吊《つ》るした腰《こし》の拳銃《けんじゅう》に手《て》を伸《の》ばした。麻酔銃《ますいじゅう》ではない。本物《ほんもの》の銃弾《じゅうだん》が込《こ》められていた。

「やめろ！」

オーウェンが思《おも》わず叫《さけ》んだ。

「よせ、ダメだ。撃《う》つんじゃない！」

ダ〜〜〜〜〜ン！

ウィートリーの制止《せいし》も間《ま》に合《あ》わず、銃弾《じゅうだん》が恐竜《きょうりゅう》の体《からだ》にめり込《こ》んだ。ブルーが痛《いた》みに身《み》をよじった。すでに爪《つめ》が傭兵《ようへい》の頭《あたま》をわしづかみにしていた。

グシャッ！

大《おお》きな鉤爪《かぎつめ》が相手《あいて》を瞬時《しゅんじ》に絶命《ぜつめい》させた。これでブルーに実弾《じつだん》を見舞《みま》った同《おな》じ相手《あいて》が、再《ふたた》び銃口《じゅうこう》を向《む》ける心配《しんぱい》はなくなった。

ところがそのとき、
スルスルルウウウウ！

また別《べつ》の麻酔銃《ますいじゅう》からダーツが放《はな》たれたのだ。今度《こんど》もウィートリーだった。ブルーに命中《めいちゅう》し、苦痛《くつう》の雄叫《おたけ》びがジャングルにとどろいた。同時《どうじ》にブルーは前進《ぜんしん》を始《はじ》めた。前《まえ》にはウィートリーがいる。憎《にく》き相手《あいて》を攻撃《こうげき》しようとしたそのとき、ブルーは突然地面《とつぜんじめん》に倒《たお》れ込《こ》んでしまった。ウィートリーの眼前《がんぜん》だった。ブルーは麻酔《ますい》で完全《かんぜん》に意識《いしき》を失《うしな》ってしまった。

「ウィートリー！　この野郎《やろう》！」

オーウェンは怒《いか》りを抑《おさ》えることができなかった。ウィートリーへ向《む》かって突進《とっしん》した。

ウィートリーは落《お》ち着《つ》いて向《む》き直《なお》り、オーウェンに麻酔銃《ますいじゅう》を撃《う》った。

麻酔銃《ますいじゅう》のダーツがオーウェンの脇腹《わきばら》に当《あ》たった。ダーツが突《つ》き刺《さ》さった衝撃《しょうげき》でオーウェンの身体《からだ》がのけ反《ぞ》った。

「なんてことを！」

ジアが叫《さけ》んだ。

オーウェンはめまいと戦《たたか》った。強力《きょうりょく》な麻酔成分《ますいせいぶん》が血流《けつりゅう》に乗《の》って意識《いしき》を奪《うば》おうとする。それに抵抗《ていこう》しながらもひざが崩《くず》れていく。オーウェンの目《め》は怒《いか》りに燃《も》え、ウィートリーをにらみつけている。その目《め》が裏返《うらがえ》ると、ウィートリーは勝《か》ち誇《ほこ》った笑《え》みを浮《う》かべ、

「ヒューッ」

と唇《くちびる》を丸《まる》めて、オーウェンへ息《いき》を吹《ふ》きかけるジェスチャーをした。

そのままオーウェンの身体《からだ》が崩《くず》れた。

「オーウェン！」

ジアがオーウェンに駆《か》け寄《よ》った。すぐにダーツを抜《ぬ》く。しかし彼女《かのじょ》のすぐ後《うし》ろでカチッという麻酔銃《ますいじゅう》のダーツを再充《さいじゅう》てんする操作音《そうさおん》が聞《き》こえた。

ウィートリーだった。ジアはすかさず傭兵《ようへい》の麻酔銃《ますいじゅう》をとり、ウィートリーに銃口《じゅうこう》を向《む》けた。

ジアの足元《あしもと》ではオーウェンとブルーが地面《じめん》に倒《たお》れ、まったく動《うご》けずにいる。その周囲《しゅうい》ではウィートリーとその部下《ぶか》が麻酔銃《ますいじゅう》をジアに向《む》けていた。

じりじりと時間《じかん》だけが流《なが》れた。

「撃《う》っても、私《わたし》の脳《のう》に麻酔薬《ますいやく》が届《とど》くまで4秒《びょう》あるわ」

ジアがゆっくりと、そしてはっきりとした口調《くちょう》で言《い》った。

「こっちが引《ひ》き金《がね》を引《ひ》くのに十分《じゅうぶん》な時間《じかん》よ」

ジアの額《ひたい》から汗《あせ》が一滴《いってき》したたり落《お》ちた。

「私《わたし》を撃《う》てば、このラプトルは死《し》ぬ」

ジアはそう言《い》ってブルーに顎《あご》をしゃくった。

ウィートリーが動揺《どうよう》するのが見《み》えた。ジアは麻酔銃《ますいじゅう》をウィートリーに向《む》けたままだ。

「自分《じぶん》の立場《たちば》がわかってないようだな」

ウィートリーの言葉《ことば》にジアが首《くび》を振《ふ》る。

「出血《しゅっけつ》がひどい。すぐ止血《しけつ》をしないと……ベースキャンプに運《はこ》ぶ前《まえ》に死《し》ぬ……」

ウィートリーがブルーに目《め》をやった。ジアの言《い》うことは正《ただ》しい……。ラプトルは、銃創《じゅうそう》から出血《しゅっけつ》していた。ウィートリーには、ブルーを生《い》きて連《つ》れて帰《かえ》る使命《しめい》があった。

ウィートリーは部下《ぶか》にうなずいて合図《あいず》した。その動作《どうさ》で全員《ぜんいん》が武器《ぶき》を下《お》ろした。

「では、こうしよう」

ウィートリーがジアに向《む》かって唸《うな》った。

「もし、そいつが死《し》んだらおまえも死《し》ぬ。しっかり面倒《めんどう》を見《み》ろ」

ジアは麻酔銃《ますいじゅう》を下《お》ろした。ブルーを振《ふ》り返《かえ》り、出血《しゅっけつ》が止《と》まるよう祈《いの》る目《め》で見《み》つめた。

一方《いっぽう》のウィートリーには煙《けむり》を上《あ》げる火山《かざん》が気《き》になっていた。額《ひたい》の汗《あせ》をぬぐっていると、部《ぶ》下《か》がやってきて、ジアに聞《き》こえぬよう小《ちい》さな声《こえ》でささやいた。

「あの男《おとこ》はどうします？」

部下《ぶか》がそう言《い》って顎《あご》をしゃくった先《さき》には、動《うご》かないオーウェンがいた。

ウィートリーはちらりとオーウェンを見て、冷笑《れいしょう》した。

「そのままにしておけ。自分《じぶん》のタブレットは持《も》ったな？」

部下《ぶか》はうなずくと、タブレット端末《たんまつ》を取《と》り出《だ》した。

「よし」

ウィートリーがささやいた。

「コードを切《き》ってドアを閉《し》めるんだ。引《ひ》き上《あ》げだ、急《いそ》げ！」


秘密施設《ひみつしせつ》ではクレアが無線《むせん》のスイッチを押《お》していた。

「オーウェン、聞《き》こえる？」

返事《へんじ》はない。聞《き》こえるのはシャーッという雑音《ざつおん》だけだった。

「彼《かれ》らに何《なに》かが起《お》きたのかもしれない」

クレアは不安《ふあん》げにささやいた。

「でも、もし彼《かれ》らに何《なに》かが起《お》きたのなら……」

フランクリンがそうつぶやき、さらに、

「僕《ぼく》らにも何《なに》か起《お》きるというのかい？」

そう言《い》った瞬間《しゅんかん》だった。

ガタガタガタガタ……。これまでより強《つよ》い揺《ゆ》れ。大地《だいち》の底《そこ》からこみ上《あ》げてくるような恐《おそ》ろしい轟音《ごうおん》。建物《たてもの》が揺《ゆ》れ、天井《てんじょう》から埃《ほこり》が舞《ま》い落《お》ちてきた。クレアとフランクリンは凍《こお》りついた。

ガタガタガタ！

突然壁《とつぜんかべ》にひびが入《はい》り、天井《てんじょう》まで伝《つた》わった。

「自然《しぜん》が怒《おこ》っている」

フランクリンが怯《おび》えた声《こえ》で言《い》った。

クレアは秘密施設《ひみつしせつ》のドアに続《つづ》く長《なが》い廊下《ろうか》を走《はし》った。何《なに》が外《そと》で起《お》きているのか確認《かくにん》するためだ。フランクリンも彼女《かのじょ》を追《お》いかけた。しかし2人《ふたり》が廊下《ろうか》を走《はし》っているあいだに、それまで開《あ》け放《はな》たれていたドアが閉《と》じようとしていた。

「ああだめ、待《ま》って！」

クレアが叫《さけ》んだ。足《あし》は激《はげ》しく動《うご》いたままだ。フランクリンも後《あと》に続《つづ》いている。

バタン！　バタン！

厚《あつ》い2枚《まい》のドアが、彼《かれ》らの目《め》の前《まえ》で音《おと》をたてて閉《と》じてしまった。

しばらくその分厚《ぶあつ》いドアと格闘《かくとう》した後《あと》、クレアとフランクリンは秘密施設《ひみつしせつ》の薄暗《うすぐら》い空間《くうかん》を振《ふ》り返《かえ》った。

「……何《なに》が起《お》きてるの？」

フランクリンがクレアに尋《たず》ねた。

「あいつら、ぼくらを守《まも》ってくれるんじゃ？」

「違《ちが》うみたい……」

クレアが答《こた》えると、再《ふたた》び大《おお》きな地鳴《じな》りがとどろいた。

地面《じめん》が大《おお》きく揺《ゆ》れはじめた。


ジャイロスフィア渓谷《けいこく》を横切《よこぎ》る武装車両《ぶそうしゃりょう》から、ウィートリーが衛星電話《えいせいでんわ》に話《はな》しかけた。

「ミルズ、任務完了《にんむかんりょう》だ。際《きわ》どいとこだがな」

そのとき突然激《とつぜんはげ》しい揺《ゆ》れと爆音《ばくおん》がとどろいた。

ドッカアアアアン！

火山《かざん》が噴火《ふんか》し、噴石《ふんせき》と溶岩《ようがん》が噴出《ふんしゅつ》したのだ。

「ウィートリー、どうなってるんだ？　すでに予定《よてい》より2日《ふつか》も遅《おく》れているぞ！」

ロックウッドの邸宅《ていたく》。イーライ・ミルズが受話器《じゅわき》に向《む》かって怒鳴《どな》るその姿《すがた》は、クレアが会《あ》ったときの物静《ものしず》かでスマートな、魅力的《みりょくてき》な男《おとこ》ではなかった。

「……ラプトルは捕《つか》まえた。そっちへ帰《かえ》るまでにカネを銀行《ぎんこう》に振《ふ》り込《こ》んどけよ」

電話《でんわ》の向《む》こうの声《こえ》が言《い》った。ウィートリーだ。

「わかった。だが、これ以上《いじょう》の遅《おく》れは許《ゆる》されない。いいな？」

ミルズが叫《さけ》んだ。

「もし期日《きじつ》までに恐竜《きょうりゅう》たちを手《て》に入《い》れられなかったら……」

そのときミルズは自分《じぶん》を呼《よ》ぶ、小《ちい》さな声《こえ》に気《き》づいた。振《ふ》り返《かえ》り、あたりを見回《みまわ》す。オフィスのドア付近《ふきん》にメイジーが立《た》っていた。

「後《あと》にしてくれ、メイジー」

できるだけ冷静《れいせい》を装《よそお》いながら、ミルズはロックウッドの孫娘《まごむすめ》にそう返答《へんとう》した。すると、

「恐竜《きょうりゅう》さんたちは大丈夫《だいじょうぶ》？」

とメイジーが尋《たず》ねてきた。しかしミルズは彼女《かのじょ》へ意識《いしき》を向《む》けていない。それを見《み》てメイジーが再《ふたた》び声《こえ》をかけた。

「みんな無事《ぶじ》なの？」

「だから今《いま》はダメだと言《い》っただろう！」

苛立《いらだ》ちを抑《おさ》えきれず、ミルズがきつく言《い》い返《かえ》した。

メイジーはミルズの態度《たいど》の突然《とつぜん》の変化《へんか》に慄《おのの》き、後《あと》ずさった。ミルズには、彼女《かのじょ》の目《め》つきから、すぐにでもロックウッドのもとへ走《はし》り戻《もど》ろうとしている雰囲気《ふんいき》がわかった。ミルズは落《お》ち着《つ》きを取《と》り戻《もど》し、自分《じぶん》を装《よそお》った。顔《かお》に笑《え》みを繕《つくろ》う。

「すまないメイジー、大事《だいじ》な電話《でんわ》なんだ。先《さき》に書斎《しょさい》へ行《い》っててくれないか。終《お》わったらすぐに行《い》く」

「うん」

メイジーがあやふやに答《こた》えた。

「そのときちゃんと教《おし》えてあげるよ。約束《やくそく》する」

ミルズがそうメイジーに大《おお》げさな笑《え》みとともに言《い》うと、メイジーは後《あと》ずさり、廊下《ろうか》へ出《で》た。

ミルズのほうはドアを閉《し》め、ウィートリーとの電話《でんわ》に戻《もど》っていた。

「いいか、すぐにその動物《どうぶつ》たちを連《つ》れて戻《もど》れ！　ボーナス？　連《つ》れて戻《もど》るのが先《さき》だ！」

第《だい》9章《しょう》　迫《せま》りくる溶岩《ようがん》

ジャングルの中《なか》でオーウェンは気《き》を失《うしな》ったまま横《よこ》たわっていた。

木々《きぎ》が揺《ゆ》れ、地鳴《じな》りとともに地面《じめん》が揺《ゆ》れはじめた。

ただならぬ異変《いへん》にオーウェンが目《め》を覚《さ》ました。屈強《くっきょう》な身体《からだ》を持《も》つオーウェンだが、恐竜用《きょうりゅうよう》麻酔銃《ますいじゅう》の強力《きょうりょく》な作用《さよう》のため、起《お》きたくとも、指先《ゆびさき》すら動《うご》かすことができない。全身《ぜんしん》が岩《いわ》のようだ。

ようやく首《くび》をもたげ、ジャングルの様子《ようす》を見《み》ることができた。遠《とお》くで木々《きぎ》が燃《も》えているのが見《み》えた。まずい。火山《かざん》が噴火《ふんか》を始《はじ》めたのだ。

つまり、これまでか……。

そのときだった。巨大《きょだい》な動物《どうぶつ》の影《かげ》がオーウェンを覆《おお》ったかと思《おも》えば、大《おお》きく表面《ひょうめん》の粗《あら》い舌《した》が伸《の》びてきて、彼《かれ》の顔《かお》を舐《な》めた。ベトベトの、大量《たいりょう》の唾液《だえき》がオーウェンの顔《かお》について、いやなにおいや粘着物《ねんちゃくぶつ》で息苦《いきぐる》しくなった。

舌《した》はまだ顔《かお》を舐《な》め続《つづ》けている。オーウェンはその巨大《きょだい》な舌《した》から顔《かお》を避《よ》けようと、もがいた。

やがて相手《あいて》の口《くち》と鼻《はな》が見《み》えてきた。大《おお》きな角《つの》がある。恐竜《きょうりゅう》は激《はげ》しく呼吸《こきゅう》し、よだれを垂《た》らした。

そのとき、ガガガガッと、耳《みみ》をつんざくような、火山《かざん》が爆発《ばくはつ》する轟音《ごうおん》が届《とど》いた。

驚《おどろ》いたその恐竜《きょうりゅう》が後《うし》ろ脚《あし》だけで立《た》ち上《あ》がった。宙《ちゅう》に前脚《まえあし》をあげている。中生代白亜紀後期《ちゅうせいだいはくあきこうき》の大型角竜《おおがたつのりゅう》、シノケラトプスだ。草食恐竜《そうしょくきょうりゅう》だから食《た》べられる心配《しんぱい》はないとはいえ、大人《おとな》を簡《かん》単《たん》に踏《ふ》み潰《つぶ》すことはできる。身体《からだ》を動《うご》かせぬまま、オーウェンはシノケラトプスの巨大《きょだい》で重《じゅう》量感《りょうかん》のある前脚《まえあし》が、自分《じぶん》の方《ほう》へ降《お》りてくるのを呆然《ぼうぜん》と見守《みまも》った。

ドス～～～～ン！

恐竜《きょうりゅう》の前脚《まえあし》はオーウェンの頭《あたま》の左右《さゆう》に、彼《かれ》の頭《あたま》を挟《はさ》むようなかたちで着地《ちゃくち》した。あやうく頭《あたま》を潰《つぶ》されるところだった。

シノケラトプスはすぐに走《はし》り出《だ》した。火山《かざん》から逃《に》げるための本能《ほんのう》だった。近《ちか》くの丘《おか》がすでに火口《かこう》から流《なが》れてきた溶岩《ようがん》に覆《おお》われている。赤《あか》くドロドロに溶《と》けた高温《こうおん》の溶岩《ようがん》は、行《ゆ》く手《て》にあるあらゆるものを焼《や》き、飲《の》み込《こ》もうとしていた。

オーウェンは身体《からだ》を動《うご》かそうと、体内《たいない》の麻酔《ますい》と戦《たたか》った。溶岩《ようがん》が赤《あか》く巨大《きょだい》な舌《した》となって、近《ちか》くまで迫《せま》っている。腕《うで》を必死《ひっし》に持《も》ち上《あ》げ、地面《じめん》に爪《つめ》をたてて、はい出《だ》そうとした。

すでに溶岩《ようがん》の熱《ねつ》が顔面《がんめん》や身体《からだ》に伝《つた》わり、汗《あせ》が噴《ふ》き出《だ》している。彼《かれ》の後《うし》ろの丘《おか》では、さらに多《おお》くの木々《きぎ》が燃《も》えはじめた。木《き》が蒸気《じょうき》や煙《けむり》をあげ、幹《みき》ごと爆発《ばくはつ》し、炎《ほのお》に包《つつ》まれていくのが見《み》えた。

ありったけの力《ちから》を振《ふ》り絞《しぼ》り、オーウェンは横《よこ》に転《ころ》がり続《つづ》けた。気《き》づけば、なんとか溶岩《ようがん》に飲《の》み込《こ》まれずに済《す》んでいた。燃《も》え盛《さか》るジャングルから少《すこ》しずつだが離《はな》れていくことができた。ところが……。

ドスン、と何《なに》かに当《あ》たって止《と》まった。倒《たお》れた木《き》だった。行《ゆ》く手《て》を阻《はば》まれてしまったのだ。

オーウェンは倒木《とうぼく》にありったけの力《ちから》を出《だ》してよじ登《のぼ》り、その反対側《はんたいがわ》へと落《お》ちた。ところがそこにも溶岩《ようがん》が迫《せま》っていた。見《み》れば、四方《しほう》をすでに溶岩《ようがん》に囲《かこ》まれていた。ブクブク、ゴロゴロ、シューシューッと蒸気《じょうき》や炎《ほのお》、煙《けむり》をあげながら、溶岩《ようがん》は放置《ほうち》されたジュラシック・ワールドの車両《しゃりょう》を飲《の》み込《こ》もうとしている。車両《しゃりょう》はバターのように溶《と》けながら、シューッと音《おと》をたてて見《み》えなくなった。

オーウェンは残《のこ》りの力《ちから》を振《ふ》り絞《しぼ》り、手《て》とひざで身体《からだ》を持《も》ち上《あ》げた。それを邪魔《じゃま》しようとする麻酔《ますい》の力《ちから》と戦《たたか》いながら、足《あし》に力《ちから》をこめた。

「ハロー。誰《だれ》かいます？」

秘密施設《ひみつしせつ》ではクレアが携帯電話《けいたいでんわ》を掲《かか》げ、なんとか電波《でんぱ》をつかもうとしていた。

一方《いっぽう》、フランクリンはドアを開《あ》けようと、タブレット端末《たんまつ》を一生懸命《いっしょうけんめい》に操作《そうさ》している。内《ない》部《ぶ》の温度《おんど》はどんどん上昇《じょうしょう》していたのだ。

そうしているうちに、ブーッ、ブーッという大《おお》きな警告《けいこく》ブザーに驚《おどろ》いて、フランクリンは飛《と》び上《あ》がった。

「接近警報《せっきんけいほう》よ。何《なに》かがやってくる」

クレアが説明《せつめい》した。

モニターへ目《め》をやった2人《ふたり》は、赤《あか》く点滅《てんめつ》する点《てん》に注目《ちゅうもく》した。どうやら体《からだ》に発信機《はっしんき》を埋《う》め込《こ》んだ恐竜《きょうりゅう》が、迷路《めいろ》のように入《い》り組《く》んだ地下通路《ちかつうろ》を、こちらへ向《む》かって移動《いどう》しているようだった。

フランクリンが背後《はいご》の暗《くら》いトンネルへ目《め》をやった。

「あれはどこにつながっているの？」

「あそこを抜《ぬ》けると……パークよ」

「やっぱり秘密《ひみつ》のトンネルがあったんだね？」

フランクリンの声《こえ》のエコーに、足音《あしおと》のような音《おと》が重《かさ》なった。

ドスン、ドスン……。

何《なに》か巨大《きょだい》なものが近《ちか》づいてくる……。

ドスン、ドスン、ドスン……。

「T《ティー》レックスだ、T《ティー》レックスが来《く》る！　クレア、T《ティー》レックスだ！」

そう震《ふる》える声《こえ》で繰《く》り返《かえ》すフランクリンに、

「やめなさい！」

クレアが言《い》いながら、暗《くら》いトンネルに目《め》を凝《こ》らした。

「T《ティー》レックスじゃないわ。たぶんね……」

「たぶん？」

2人《ふたり》は用心《ようじん》しながらトンネルの入《い》り口《ぐち》へ近《ちか》づいた。そこからいったい何《なに》が出《で》てくるのか、ただ見守《みまも》るしかできない。クレアたちにはどこにも逃《に》げる場所《ばしょ》がなかったのだ。

そのとき、2人《ふたり》は背後《はいご》から恐《おそ》ろしい蒸気《じょうき》の噴出音《ふんしゅつおん》のような音《おと》を聞《き》いた。見《み》れば、天井《てんじょう》がところどころ割《わ》れ、そこから燃《も》え盛《さか》る溶岩《ようがん》がドロドロと垂《た》れ、落《お》ちてきた。溶岩《ようがん》は床《ゆか》や机《つくえ》を焼《や》き、電気機器《でんききき》をショートさせ、あたりを高熱《こうねつ》のるつぼと化《か》していた。クレアとフランクリンはトンネルに背《せ》を向《む》け、降《ふ》ってくる溶岩《ようがん》に直面《ちょくめん》するかたちで凍《こお》りついた。

背後《はいご》のトンネルからは、その別《べつ》の恐怖《きょうふ》が存在《そんざい》を現《あらわ》しはじめていた。

バリオニクスだ！

2人《ふたり》は再度《さいど》トンネルへ向《む》き直《なお》り、その怒《いか》り狂《くる》った肉食恐竜《にくしょくきょうりゅう》を見《み》た。10メートルほどの巨体《きょたい》に長《なが》い前脚《まえあし》の爪《つめ》。

「深呼吸《しんこきゅう》して、フランクリン。言《い》ったでしょう、T《ティー》レックスじゃないって」

クレアの冗談《じょうだん》のような言葉《ことば》に、フランクリンが戸惑《とまど》っている。

「どんだけ差《さ》があんだよ？」

フランクリンは間違《まちが》っていなかった。バリオニクスの細長《ほそなが》い口先《くちさき》と、そこに並《なら》んだ鋭《するど》い歯《は》は、ワニに似《に》ていた。しかしワニなど比《くら》べ物《もの》にならないほどその体《からだ》は大《おお》きく、後《うし》ろ脚《あし》でT《ティー》レックスのように立《た》ち、走《はし》れるのだ。

グルルウウウ！

その肉食恐竜《にくしょくきょうりゅう》は、突然現《とつぜんあらわ》れた獲物《えもの》を見《み》て、狙《ねら》いを定《さだ》めてきた。逃《に》げまどう2人《ふたり》を壁際《かべぎわ》まで追《お》い詰《つ》めていく。しかし突如天井《とつじょてんじょう》が割《わ》れると、そこから溶岩《ようがん》が流《なが》れ落《お》ちてバリオニクスの長《なが》い口《くち》を直撃《ちょくげき》。バリオニクスが苦痛《くつう》に咆哮《ほうこう》する。

溶岩《ようがん》は容赦《ようしゃ》なく降《ふ》り注《そそ》ぎ、クレアたちとバリオニクスのあいだに炎《ほのお》の壁《かべ》をつくりながら堆積《たいせき》しはじめた。

「クレア、どうするんです？　どうすれば？」

為《な》す術《すべ》のないフランクリンが指示《しじ》を仰《あお》ぐ。

そのときクレアは床《ゆか》に丸《まる》い明《あ》かりが反射《はんしゃ》しているのに気《き》づいた。天井《てんじょう》を見上《みあ》げれば、そこには長《なが》い円形《まるがた》のハッチを開閉《かいへい》するシャフトと、こちらへ降《お》りて伸縮《しんしゅく》する鉄製《てっせい》のはしごがあって、ハッチまでつながっていた。クレアはそのはしごを降《お》ろそうと飛《と》びついてみたが、届《とど》かない。

「届《とど》かないわ！」

クレアが叫《さけ》んだ。慌《あわ》ててあたりを見回《みまわ》し、とっさにキャスター付《つ》きのいすを指《ゆび》さした。フランクリンがダッシュして、部屋《へや》の隅《すみ》からいすを滑《すべ》らせる。溶岩《ようがん》の隙間《すきま》からバリオニクスがフランクリンを食《た》べようと口《くち》を伸《の》ばしたが、すんでのところで逃《に》げ切《き》った。いすの高《たか》さに助《たす》けられ、クレアははしごをそのままよじ登《のぼ》ることができた。

「早《はや》く！　登《のぼ》って！　早《はや》くフランクリン！」

すぐにフランクリンが後《あと》に続《つづ》いた。

「よーしやった！　ハハハ、やった！」

と、そのとき、
ガターン！

錆《さ》びたはしごが突然下《とつぜんした》へ降《お》りた。フランクリンはそのままバリオニクスの牙《きば》が届《とど》くところまで降《お》りてしまった。バリオニクスは襲《おそ》う体勢《たいせい》を整《ととの》えたが、そのあいだにフランクリンがはしごを登《のぼ》りはじめた。恐竜《きょうりゅう》の巨体《きょたい》がバネのように弾《はじ》かれ、はしごを囲《かこ》む筒状《つつじょう》の鉄製《てっせい》トンネルにかじりつき、バリバリとそれを壊《こわ》しはじめた。

一方《いっぽう》、シャフトのいちばん上《うえ》で、クレアは円《まる》いハッチを回《まわ》し、開《あ》けようと奮闘《ふんとう》していた。だがハッチは開《ひら》かない。

フランクリンがクレアを急《せ》かす。

「早《はや》く早《はや》く早《はや》く早《はや》く！　早《はや》く開《あ》けて！」

ガオオオオオオオオオ〜〜〜〜ッ！

息《いき》の湿気《しっけ》やにおいまで伝《つた》わる、恐《おそ》ろしいバリオニクスの咆哮《ほうこう》が、シャフトを駆《か》け上《のぼ》ってきた。見《み》れば、すぐ下《した》にその肉食恐竜《にくしょくきょうりゅう》が迫《せま》っていて、2人《ふたり》を追《お》いかけ、今《いま》にもシャフトを破壊《はかい》しながら口《くち》を入《い》れてくるような勢《いきお》いだった。

クレアとフランクリンは一緒《いっしょ》にハッチを回《まわ》し、ようやく日差《ひざ》しを顔《かお》に浴《あ》びた。

「よし開《あ》いた、出《で》て！　早《はや》く早《はや》く！　早《はや》く！」

ガオオオオ〰〰〰〰ッ！

迫《せま》りくるバリオニクスの咆哮《ほうこう》。それを遮《さえぎ》り、バタン！　彼《かれ》らはハッチを閉《し》めた。

バリオニクスから逃《のが》れた安堵《あんど》に、クレアとフランクリンはしばらく肩《かた》で息《いき》をしていたが、すぐにあたりの景色《けしき》に気《き》づいて慌《あわ》てはじめた。ジャイロスフィア渓谷《けいこく》のど真《ま》ん中《なか》に立《た》っていた。噴石《ふんせき》が次々《つぎつぎ》と落下《らっか》してくる。さらに彼《かれ》らの目《め》に、信《しん》じられない光景《こうけい》が迫《せま》ってきた。

オーウェンだった。彼《かれ》らに向《む》かって走《はし》ってくる。近《ちか》づくや、オーウェンの叫《さけ》び声《ごえ》が聞《き》きとれた。

「逃《に》げろ！　走《はし》れ！」

突然《とつぜん》、オーウェンの背後《はいご》の森《もり》から、一斉《いっせい》にありとあらゆるサイズ、種類《しゅるい》の恐竜《きょうりゅう》たちが横《よこ》1列《れつ》に現《あらわ》れ、なだれをうってこちらへ疾走《しっそう》してきた。恐竜《きょうりゅう》たちは溶岩《ようがん》と燃《も》える森《もり》から逃《に》げようとしていたのだ。

クレアとフランクリンも同《おな》じ方向《ほうこう》を向《む》き、一目散《いちもくさん》に走《はし》り出《だ》した。上《うえ》から加速《かそく》していたオーウェンがすぐに2人《ふたり》に追《お》いついた。

渓谷《けいこく》のスロープが向《む》かう先《さき》は、海《うみ》へと落《お》ちる崖《がけ》だった。オーウェンたちも恐竜《きょうりゅう》たちも、皆《みな》その唯一《ゆいいつ》の逃《に》げ道《みち》である海《うみ》へと向《む》かい、走《はし》り続《つづ》けている。

3人《にん》は全速力《ぜんそくりょく》で草地《くさち》を蹴《け》った。パニックで我《われ》を見失《みうしな》い逃《に》げ出《だ》す恐竜《きょうりゅう》を左右《さゆう》にかわしながら、今《いま》にも大型恐竜《おおがたきょうりゅう》に踏《ふ》み潰《つぶ》されそうになった。実際《じっさい》にそうなる前《まえ》に、この血迷《ちまよ》った恐竜《きょうりゅう》の群《む》れをやり過《す》ごす安全《あんぜん》な場所《ばしょ》を見《み》つける必要《ひつよう》があった。

クレアが倒木《とうぼく》に寄《よ》り添《そ》うように止《と》まっているジャイロスフィアを見《み》つけた。

「あそこよ！」

クレアが叫《さけ》び、そのジャイロスフィアを指《ゆび》さした。

「乗《の》れ、早《はや》く！」

オーウェンが嵐《あらし》のような恐竜《きょうりゅう》の群《む》れ越《ご》しに、2人《ふたり》に叫《さけ》んだ。ジャイロスフィアはドアが開《あ》いたままだった。

クレアとフランクリンがそこに飛《と》び込《こ》む。

「早《はや》く、早《はや》く！　ベルト締《し》めて！」

「OK《オーケー》！」

クレアがオーウェンに早口《はやくち》で言《い》う。

「乗《の》って！」

ジャイロスフィアは2人乗《ふたりの》りだが、今《いま》はそんなことは問題《もんだい》ではなかった。

しかしオーウェンは答《こた》えようとしない。ドアの開口部《かいこうぶ》に両手《りょうて》をかけたまま、透明《とうめい》な機体《きたい》を通《とお》して、クレアの頭上《ずじょう》に見開《みひら》いた目《め》を向《む》け、固《かた》まっている。それは捕食者《ほしょくしゃ》に狙《ねら》われ、動《うご》けなくなった小《ちい》さな生《い》き物《もの》の反応《はんのう》だった。

クレアが振《ふ》り返《かえ》ると、すぐそこにそれがいた。逃走《とうそう》する群《む》れから離《はな》れた1頭《とう》のカルノタウルス。オーウェンを追《お》いかけて、ジャイロスフィアの近《ちか》くまで来《き》ていたのだ。

この悪夢《あくむ》のような肉食恐竜《にくしょくきょうりゅう》はT《ティー》レックスに似《に》ているが、額《ひたい》から前《まえ》へ悪魔《あくま》に似《に》た角《つの》を突《つ》き出《だ》している。カルノタウルスはオーウェンに吠《ほ》えかかると、スフィア沿《ぞ》いに後《あと》ずさりする彼《かれ》を狙《ねら》って、球体《きゅうたい》の横《よこ》の開口部《かいこうぶ》にその恐《おそ》ろしい横顔《よこがお》を近《ちか》づけた。

すぐ横《よこ》、何《なに》もさえぎるものがない剥《む》き出《だ》しの車内《しゃない》にフランクリンがいて、ぶるぶる震《ふる》えている。息《いき》をすればカルノタウルスにわかってしまう。恐竜《きょうりゅう》の牙《きば》、目《め》は、数十《すうじっ》センチのところにある。後《あと》ずさりをするオーウェンが、逆《ぎゃく》にその肉食動物《にくしょくどうぶつ》をフランクリンたちに近《ちか》づけてしまったのだ。

しかし様子《ようす》がおかしかった。カルノタウルスは何《なに》か別《べつ》のものに注意《ちゅうい》を向《む》けている。さっと走《はし》り出《だ》すと、オーウェンを無視《むし》、そこを通《とお》りかかった草食恐竜《そうしょくきょうりゅう》の1頭《とう》に襲《おそ》いかかった。

人間《にんげん》よりも大《おお》きなごちそうだ。ところが全恐竜《ぜんきょうりゅう》が逃走《とうそう》する大混乱《だいこんらん》の最中《さなか》だけに、草食動物《そうしょくどうぶつ》はうまくその牙《きば》をすりぬけてしまった。

「行《い》け！」

オーウェンがクレアたちに合図《あいず》した。オーウェンが身《み》をかがめて逃《に》げ出《だ》した一方《いっぽう》で、ジャイロスフィアはそのまま坂《さか》を転《ころ》がりはじめた。しかもその勢《いきお》いでドアが閉《し》まった。バタン！クレアとフランクリンを中《なか》に閉《と》じ込《こ》めたまま。

ごちそうが視界《しかい》から消《き》え、カルノタウルスは注意《ちゅうい》をオーウェンへ戻《もど》した。今《いま》にもオーウェンへ飛《と》びかかりそうなそのとき、

ガオオオオオオオオオオオオオオ！

巨大《きょだい》な恐竜《きょうりゅう》の頭部《とうぶ》が現《あらわ》れ、カルノタウルスの首《くび》にそのばかでかい顎《あご》でかみつき、ボキボキと骨《ほね》をかみ砕《くだ》いた。殺《ころ》されたカルノタウルスはぼろぼろの人形《にんぎょう》のように振《ふ》り倒《たお》され、そのまま動《うご》かなくなった。

オーウェンは恐怖《きょうふ》に固《かた》まったまま、せり上《あ》がるその恐《おそ》ろしい影《かげ》を見上《みあ》げた。

最強《さいきょう》、最悪《さいあく》の肉食恐竜《にくしょくきょうりゅう》、T《ティー》レックスだった。

と、そのとき、ドカ〰〰〰〰〰ン！

火山《かざん》がひときわ大《おお》きく噴火《ふんか》したのだ。Ｔ《ティー》レックスはそれまでオーウェンをおやつか何《なに》かと見《み》なしていたようだが、押《お》し寄《よ》せる溶岩《ようがん》を振《ふ》り返《かえ》ると、海《うみ》に向《む》かって走《はし》り出《だ》した。

オーウェンも同《おな》じ方向《ほうこう》へダッシュした。クレアとフランクリンを乗《の》せたままのジャイロスフィアといえば、速《はや》さを増《ま》し、オーウェンのずっと先《さき》で転《ころ》がり続《つづ》けている。

「ブレーキ、ブレーキを踏《ふ》んで！」

フランクリンが叫《さけ》んだ。クレアはコントロールスティックを引《ひ》き寄《よ》せようとしたが、彼女《かのじょ》の手《て》の中《なか》で壊《こわ》れてしまった。

「ああ、オーウェン！」

ジャイロスフィアはさらに速度《そくど》を上《あ》げた。さっき彼《かれ》らを追《お》い越《こ》していった恐竜《きょうりゅう》を追《お》い抜《ぬ》くほどだった。クレアが振《ふ》り返《かえ》ると、オーウェンが後《あと》を追《お》ってくる姿《すがた》が見《み》えた。すぐにオーウェンは背後《はいご》から迫《せま》る黒《くろ》い火山灰《かざんばい》にのみ込《こ》まれてしまった。

クレアが前方《ぜんぽう》に視線《しせん》を戻《もど》したとき、そこは青《あお》い海《うみ》が迫《せま》る崖《がけ》っぷちだった。

ジャイロスフィアは弧《こ》を描《えが》きながら宙《ちゅう》に舞《ま》った。60メートル下《した》の白《しろ》く泡立《あわだ》つ海面《かいめん》に向《む》かって落《お》ちながら、中《なか》のクレアとフランクリンは恐怖《きょうふ》に叫《さけ》び、抱《だ》き合《あ》い、目《め》を閉《と》じた。

第《だい》10章《しょう》　決死《けっし》の脱出《だっしゅつ》

ドボ〜〜〜〜〜〜〜ン！

ジャイロスフィアが恐竜《きょうりゅう》たちとともに海中《かいちゅう》に沈《しず》んだ。
最初《さいしょ》フランクリンも助《たす》かったと思《おも》い歓喜《かんき》した。しかし、すぐにドアの隙間《すきま》から海水《かいすい》が入《はい》ってきた。次第《しだい》にジャイロスフィア内《ない》に溜《た》まりはじめる。外《そと》では泳《およ》いでいるゾウのように、恐竜《きょうりゅう》の巨大《きょだい》な足《あし》が動《うご》き、海水《かいすい》をかき混《ま》ぜている。

さらに溶岩《ようがん》が蒸気《じょうき》や泡《あわ》を盛大《せいだい》に噴《ふ》き出《だ》しながら海中《かいちゅう》に落《お》ち、恐《おそ》ろしい弾丸《だんがん》となって降《ふ》り注《そそ》いできた。ジャイロスフィアはマスラニ社《しゃ》が開発《かいはつ》した特殊素材《とくしゅそざい》でできているが、それは大型《おおがた》恐竜《きょうりゅう》が体当《たいあ》たりするときの衝撃《しょうげき》に耐《た》えるもので、溶岩《ようがん》の熱《ねつ》などは想定《そうてい》していない。海水《かいすい》で温《おん》度《ど》が下《さ》がっても、噴石《ふんせき》は弾丸《だんがん》のように球体《きゅうたい》に小《ちい》さな穴《あな》を開《あ》け、水《みず》を流入《りゅうにゅう》させた。

クレアとフランクリンは沈《しず》んでいくジャイロスフィアのドアを懸命《けんめい》に開《あ》けようともがいていた。水位《すいい》はすでに彼《かれ》らの腰《こし》のあたりまで来《き》ていた。

「逃《に》げなくちゃ。早《はや》く！　フランクリン開《あ》けて！」

フランクリンが必死《ひっし》にドアをこじ開《あ》けようとするがびくともしない。

「ああ、ダメだ！　開《あ》かない！　開《あ》かない！　ダメだ。クレア、どんどん沈《しず》んでる！」

突然《とつぜん》、人影《ひとかげ》が目《め》の前《まえ》に現《あらわ》れた。オーウェンだ！　ドアを外側《そとがわ》から開《あ》けようとしている。

「オーウェン？　オーウェン！」

2人《ふたり》が同時《どうじ》に叫《さけ》んだ。

しかしドアは何《なに》かが引《ひ》っかかっているのか、開《あ》かない。オーウェンは腰《こし》から拳銃《けんじゅう》を抜《ぬ》くと、ロック部分《ぶぶん》を撃《う》ちぬこうと構《かま》えた。オーウェンの意図《いと》を瞬時《しゅんじ》に読《よ》み取《と》ったクレアが、フランクリンに指示《しじ》する。

「ああ、わかった。どいて！　下《さ》がって！」

ところがそのとき、溶岩《ようがん》のひとかたまりが彼《かれ》の腕《うで》をかすった。その痛《いた》みにオーウェンは水《みず》の中《なか》で悲鳴《ひめい》をあげ、拳銃《けんじゅう》を落《お》としてしまった。拳銃《けんじゅう》はどんどん落《お》ちていき、視界《しかい》から消《き》えた。

「ああ、うそうそうそ、ダメ！」

クレアが絶望《ぜつぼう》の声《こえ》をあげると、オーウェンは再《ふたた》びジャイロスフィアのドアへしがみついた。

しかし、近《ちか》くでもがく恐竜《きょうりゅう》の尾《お》が彼《かれ》を叩《たた》き、ジャイロスフィアから離《はな》されてしまった。

ジャイロスフィア内《ない》では、水《みず》の浸入《しんにゅう》が極限《きょくげん》まで迫《せま》っていた。

「大丈夫《だいじょうぶ》よ、大丈夫《だいじょうぶ》……落《お》ち着《つ》いて」

「……空気《くうき》がなくなる……ここで死《し》ぬんだ……」

「いいえ死《し》なない。息《いき》を吸《す》って」

クレアとフランクリンは、ジャイロスフィア上部《じょうぶ》に残《のこ》った小《ちい》さな空気溜《くうきだ》まりから最後《さいご》の空《くう》気《き》を吸《す》おうともがいた。ところがそうする前《まえ》に、
グゥア～～～ン！

息継《いきつ》ぎをして戻《もど》ってきたオーウェンが、ナイフでドアをこじ開《あ》けることに成功《せいこう》したのだ。

オーウェンが伸《の》ばした手《て》をクレアがつかんだ。フランクリンもその後《あと》に続《つづ》いた。彼《かれ》らは落《らっ》下《か》してくる溶岩《ようがん》のかたまりを避《よ》けながら水面《すいめん》まで浮上《ふじょう》した。

ビーチまで泳《およ》いだ後《あと》、砂浜《すなはま》に疲《つか》れ果《は》てた身体《からだ》を横《よこ》たえながら、クレアが言《い》った。

「ジアはどこ？」

「ウィートリーが裏切《うらぎ》った。今《いま》ブルーと一緒《いっしょ》だ」

オーウェンがあえいで、フランクリンを見《み》た。

「おい！　まだ追跡《ついせき》できるか？」

フランクリンは、波打《なみう》ち際《ぎわ》から濡《ぬ》れた自分《じぶん》のタブレット端末《たんまつ》を拾《ひろ》い上《あ》げた。

「もう無理《むり》です」

フランクリンの言葉《ことば》を聞《き》きうなだれるオーウェンの横《よこ》で、クレアは疲《つか》れ果《は》ててあおむけになった。考《かんが》えれば考《かんが》えるほど、怒《いか》りが込《こ》み上《あ》げてくる。彼《かれ》らとは一緒《いっしょ》に作業《さぎょう》を進《すす》め、恐竜《きょうりゅう》をこの島《しま》から救《すく》い出《だ》し、「サンクチュアリ」へ運《はこ》ぶ計画《けいかく》だった。しかしジアが連《つ》れ去《さ》られたばかりか、オーウェンも見捨《みす》てられ、フランクリンと自分《じぶん》は秘密施設《ひみつしせつ》に閉《と》じ込《こ》められて見殺《みごろ》しにされたのだった。

「だまされたわ。うそつきども！　クソっ！　全部《ぜんぶ》うそだった」

クレアが嗚咽《おえつ》する横《よこ》で、オーウェンは、

「いや、全部《ぜんぶ》じゃない」

言《い》って、機械音《きかいおん》に空《そら》を見上《みあ》げた。

ぶら下《さ》がった檻《おり》にステゴサウルスを入《い》れて運搬《うんぱん》するヘリコプター。湾《わん》の向《む》こう側《がわ》のドック近《ちか》くに降下《こうか》していく。碇《いかり》を下《お》ろした輸送船《ゆそうせん》に、作業員《さぎょういん》たちが麻酔《ますい》で眠《ねむ》らされた恐竜《きょうりゅう》たちを慌《あわ》ただしく積載《せきさい》している。

ウィートリーは作業員《さぎょういん》たちのあいだを歩《ある》きながら、指令《しれい》を大声《おおごえ》で伝《つた》えていた。

「よーし、運《はこ》べ！　急《いそ》げ急《いそ》げ！　値打《ねう》ちのありそうなものはどんどん積《つ》み込《こ》め！」

ウィートリーが、ステゴサウルスの檻《おり》を積《つ》んだトラックに鋭《するど》い目《め》を向《む》けた。

「待《ま》て！　そのトラック待《ま》て！　止《と》まれ」

着《き》ているベストを開《あ》け、ウィートリーがそこにぎっしりと並《なら》べられた工具《こうぐ》のなかから、プライヤーを取《と》り出《だ》した。それを手《て》に、ウィートリーは眠《ねむ》っているステゴサウルスに近《ちか》づく。

「よぉかわい子《こ》ちゃん。いい子《こ》だ。よーしよし」

檻《おり》にニヤついた顔《かお》を近《ちか》づけたウィートリーは、隙間《すきま》へ手《て》を伸《の》ばして、恐竜《きょうりゅう》の唇《くちびる》をめくった。

そしてプライヤーで歯《は》を一本《いっぽん》つまむと、力任《ちからまか》せに引《ひ》き抜《ぬ》いた。

「ありがとよ。麻酔《ますい》から覚《さ》めたとき痛《いた》むかもな」

ウィートリーはそう言《い》ってバンダナを開《ひら》くと、血《ち》の付《つ》いた歯《は》を収《おさ》めた。そこには何本《なんぼん》もの恐竜《きょうりゅう》の歯《は》があった。猟師《りょうし》のトロフィーとでもいうべき、どこか病的《びょうてき》なコレクションだった。

ウィートリーは横《よこ》を通過《つうか》するトラックに飛《と》び乗《の》り、そのままボートへ乗《の》り込《こ》んだ。ジャングルは燃《も》えている。その火《ひ》がドックへ向《む》かっていた。

「行《い》くぞ、早《はや》くしろ！」

ウィートリーが声《こえ》を張《は》り上《あ》げた。


クレア、オーウェン、フランクリンがその様子《ようす》を近《ちか》くから見《み》ていた。

「すでに恐竜《きょうりゅう》を捕《つか》まえているのなら、どうして僕《ぼく》らが必要《ひつよう》だったんだろう?」

フランクリンの疑問《ぎもん》にクレアが怒《おこ》りながら答《こた》えた。

「ブルーよ。ブルーを捕《つか》まえるために追跡《ついせき》システムが必要《ひつよう》だったのよ」

言《い》いながら、クレアはジアがブルーのいる檻《おり》の隣《となり》にいることに気《き》づいた。

「ジアがあそこに」

「あの船《ふね》に乗《の》り込《こ》まないと」

オーウェンが言《い》った。フランクリンには、自分《じぶん》たちを殺《ころ》そうとした男《おとこ》にまた会《あ》うという考《かんが》えが理解《りかい》できなかった。

「ここのほうが安全《あんぜん》じゃ?」

と、フランクリンはとぼけたふうに言《い》う。

「船《ふね》か溶岩《ようがん》か選《えら》びなさい、フランクリン」

クレアに2択《たく》を迫《せま》られ、フランクリンは崖《がけ》を振《ふ》り返《かえ》った。すでにそこまで溶岩《ようがん》が流《なが》れている。まるで地獄絵《じごくえ》だった。

「わかった、船《ふね》がいい。船《ふね》にする」

急《いそ》ぎ島《しま》を脱出《だっしゅつ》する慌《あわ》ただしさのなかで、作業員《さぎょういん》が1台《だい》のトラックを置《お》き忘《わす》れていた。

「あのトラックを！」

オーウェンの号令《ごうれい》とともに、3人《にん》がジャングルから飛《と》び出《だ》し、そのトラックへ駆《か》け寄《よ》った。

輸送船《ゆそうせん》が出《で》る前《まえ》に、急《いそ》いでトラックを走《はし》らせ乗《の》り込《こ》むのだ。

そのとき野火《のび》が燃料置《ねんりょうお》き場《ば》に到達《とうたつ》した。

ドドォ～～～～～～ン！

爆風《ばくふう》の威力《いりょく》でフランクリンが思《おも》わず倒《たお》れ込《こ》んだ。

「トラックだ。あれを動《うご》かせ！」

オーウェンがクレアに叫《さけ》び、フランクリンを助《たす》けに戻《もど》った。

「大丈夫《だいじょうぶ》か？」

灰《はい》や火《ひ》の粉《こ》が降《ふ》り注《そそ》ぐなかで、オーウェンが声《こえ》をあげた。

「ぼく、死《し》んだ？」

弱音《よわね》を吐《は》くフランクリンを、

「まだだよ、坊《ぼう》や」

とオーウェンが鼓舞《こぶ》する。

一方《いっぽう》で、クレアはトラックのエンジンを始動《しどう》させていた。オーウェンはフランクリンを揺《ゆ》すり、

「おい、おれを見《み》るんだ。立《た》て！」

力《ちから》を振《ふ》り絞《しぼ》り、フランクリンは震《ふる》える足《あし》に力《ちから》を入《い》れた。立《た》ち上《あ》がると、オーウェンとともにトラックへ駆《か》け出《だ》した。オーウェンが先《さき》に荷台《にだい》へ飛《と》び乗《の》り、フランクリンに手《て》を差《さ》し出《だ》した。

「急《いそ》げ、早《はや》く！　手《て》を伸《の》ばせ！　もっと！　よし、乗《の》れ！」

クレアがアクセルを踏《ふ》むなか、フランクリンはオーウェンの手《て》をつかみ、荷台《にだい》によじ登《のぼ》った。

船上《せんじょう》では、船員《せんいん》が号令《ごうれい》を発《はっ》していた。

「タラップを切《き》り離《はな》せ！」

速度《そくど》を上《あ》げた1台《だい》のトラックが桟橋《さんばし》からジャンプした。船倉《せんそう》に到着《とうちゃく》すると同時《どうじ》に、タラッ

プが切《き》り離《はな》され、海《うみ》にしぶきをあげながら落下《らっか》した。

バッシャ〰〰〰〰ン！

そのトラックが車列《しゃれつ》の末端《まったん》に止《と》まり、中《なか》からクレアが出《で》てきた。あたりを注意深《ちゅういぶか》く見回《みまわ》し、発見《はっけん》されないようにしながら。

幸《さいわ》いにも、船上《せんじょう》の作業員《さぎょういん》たちは噴火《ふんか》を見守《みまも》るのに忙《いそが》しく、誰《だれ》もクレアに気《き》づいていない。クレアは野球帽《やきゅうぼう》をとり、深《ふか》くかぶって目元《めもと》を隠《かく》した。

クレアはトラックの後部《こうぶ》でオーウェンとフランクリンに合流《ごうりゅう》した。2人《ふたり》もその恐《おそ》ろしい光景《こうけい》にくぎづけだった。溶岩《ようがん》や煙《けむり》を噴《ふ》き、燃《も》え盛《さか》る島《しま》がゆっくりと海中《かいちゅう》に没《ぼっ》していく。溶岩《ようがん》が流《なが》れ落《お》ちる海《うみ》からは海水《かいすい》が蒸発《じょうはつ》し、白《しろ》い蒸気《じょうき》がごうごうとあがっている。

その蒸気《じょうき》や噴煙《ふんえん》を透《す》かして、ブラキオサウルスが最期《さいご》の雄叫《おたけ》びをあげた。悲《かな》しい声《こえ》。どうして僕《ぼく》を置《お》いていくの、とでも言《い》いたげに。

それもすぐに蒸気《じょうき》に覆《おお》われ、何《なに》も見《み》えなくなった。

オーウェンとクレアは震《ふる》えていた。火山噴火《かざんふんか》の惨状《さんじょう》からすべての恐竜《きょうりゅう》を救《すく》うことができなかったことが、とてつもなく悲《かな》しく、責任《せきにん》を感《かん》じさせた。

大《おお》きな輸送船《ゆそうせん》のドアが閉《し》まり、倉庫《そうこ》を暗《くら》い闇《やみ》に閉《と》じ込《こ》めた。

第《だい》11章《しょう》　インドラプトル登場《とうじょう》

ロックウッドの書斎《しょさい》で、小柄《こがら》で頭《あたま》の大《おお》きな男《おとこ》が恐竜《きょうりゅう》のジオラマを真剣《しんけん》なまなざしで見《み》つめていた。スーツ姿《すがた》で50歳前後《さいぜんご》の、気難《きむずか》しそうなビジネスマンタイプの男《おとこ》だ。そこにイーライ・ミルズが近《ちか》づき、ほほ笑《え》みかけた。

「エヴァソールさん、ようこそお越《こ》しを。お目《め》にかかれて光栄《こうえい》です」

「あいさつはいい。恐竜《きょうりゅう》はどこだね？」

グンナー・エヴァソールは不愛想《ぶあいそう》にそう尋《たず》ねた。

「恐竜《きょうりゅう》はただ今《いま》、輸送中《ゆそうちゅう》です……」

「もしや、私《わたし》にこの模型《もけい》を売《う》れとでも？」

エヴァソールはジオラマの恐竜模型《きょうりゅうもけい》を親指《おやゆび》で指《さ》し、皮肉《ひにく》を込《こ》めて尋《たず》ねた。エヴァソールは金持《かねも》ち相手《あいて》に高価《こうか》なオークションを開催《かいさい》する、競売人《きょうばいにん》だった。

「どうかご心配《しんぱい》なく。もうすぐ到着《とうちゃく》しますよ」

と、ミルズは苦《くる》しげに約束《やくそく》する。

エヴァソールは身《み》をひるがえし、歩《ある》き出《だ》した。

「私《わたし》はアマチュア相手《あいて》の商売《しょうばい》はしない。バイヤーには中止《ちゅうし》を連絡《れんらく》させてもらう」

エヴァソールは携帯電話《けいたいでんわ》を取《と》り出《だ》し、連絡《れんらく》をとり始《はじ》めた。

動揺《どうよう》を隠《かく》しながら、ミルズがエヴァソールを小走《こばし》りで追《お》いかけた。

「明日《あした》にはここにやってくるんです。客《きゃく》に失望《しつぼう》はさせない。農業《のうぎょう》、工業《こうぎょう》、スポーツハンティング……どんな要望《ようぼう》にも応《こた》えられる。そう、バイオ医薬的《いやくてき》な見地《けんち》からだけでも、その価値《かち》はたいへんなものです。1種類《しゅるい》で400万《まん》ドル（約《やく》4億円《おくえん》）の価値《かち》はある」

エヴァソールが鼻《はな》を鳴《な》らした。

「当《あ》たりの悪《わる》い日《ひ》でもそのくらい1日《にち》で稼《かせ》ぐ。時間《じかん》の無駄《むだ》だったな。オークションは中止《ちゅうし》だ」

エヴァソールが再《ふたた》び電話《でんわ》をかけはじめた。

「1億《おく》ドル（約《やく》109億円《おくえん》）稼《かせ》がれたことは？」

自信《じしん》にあふれた笑《え》みを浮《う》かべ、ミルズはジオラマに手《て》をかざす。

「早《はや》まらないでください。これらすべては過去《かこ》のものです。私《わたし》は、未来《みらい》の話《はなし》をしている」

エヴァソールがミルズをいらいらしながら見《み》つめた。

「10分《ぷん》だけくれてやる」

うなずき、ミルズがエヴァソールをエレベーターへ導《みちび》いた。制御《せいぎょ》パッドにパスワードを入力《にゅうりょく》する。それを上《うえ》のバルコニーから、メイジーが見下《みお》ろしている。彼女《かのじょ》はじっとパスワードを見《み》つめていたが、エヴァソールを相手《あいて》に緊張《きんちょう》するミルズは気《き》づいていない。

ドアが開《あ》き、2人《ふたり》の男《おとこ》がエレベーターで下《した》へ降《お》りた。

「イスラ・ヌブラル島《とう》の恐竜《きょうりゅう》を競売《きょうばい》にかけるポイントは、未来《みらい》の事業《じぎょう》への投資《とうし》にあります」

ミルズが説明《せつめい》する。

「はっきり言《い》って資金集《しきんあつ》め。より野心的《やしんてき》な事業《じぎょう》への序章《じょしょう》と言《い》っていい」

「ああ、より儲《もう》かる事業《じぎょう》だな?」

エヴァソールが念《ねん》を押《お》した。

「そうです。古《ふる》い施設《しせつ》を再稼働《さいかどう》し、最新《さいしん》の機器《きき》に交換《こうかん》。世界中《せかいじゅう》から優秀《ゆうしゅう》な遺伝学者《いでんがくしゃ》を集《あつ》めます。もう何年《なんねん》も前《まえ》からあたためていた計画《けいかく》です」

ミルズが続《つづ》ける。

「遺伝子工学《いでんしこうがく》は未開拓《みかいたく》の分野《ぶんや》です。その可能性《かのうせい》には計《はか》り知《し》れないものがあります」

エレベーターのドアが開《あ》くと、ミルズはエヴァソールを広大《こうだい》でまぶしい地下研究施設《ちかけんきゅうしせつ》に招《まね》き入《い》れた。

「人類《じんるい》の歴史《れきし》から学《まな》べる取《と》り返《かえ》しのつかない教訓《きょうくん》……それは、人類《じんるい》が戦争《せんそう》をやめられないということです。そして戦争《せんそう》に勝《か》つためなら、どんな手段《しゅだん》も躊躇《ためら》わない」

エヴァソールは、ミルズが提案《ていあん》しようとしていることに気《き》づきはじめた。

「まさか、恐竜《きょうりゅう》を兵器化《へいきか》するつもりか？」

ミルズはエヴァソールの興味《きょうみ》を引《ひ》いたことに気《き》づき、うっすらと笑《え》みを浮《う》かべた。

「人類《じんるい》はあらゆる動物《どうぶつ》を武器《ぶき》として使《つか》ってきました。馬《うま》から象《ぞう》……。スターリングラード攻防戦《こうぼうせん》では病原菌《びょうげんきん》を持《も》ったネズミまで」

ミルズは、インドミナス・レックスのホログラム映像《えいぞう》を映《うつ》し出《だ》し、それを回転《かいてん》させた。

「ここでは、ヘンリー・ウー博士《はかせ》の最高傑作《さいこうけっさく》から直系《ちょっけい》の恐竜《きょうりゅう》をつくり出《だ》すことに成功《せいこう》したのです。ジュラシック・ワールドを滅《ほろ》ぼした元凶《げんきょう》……」

「インドミナス・レックス」

エヴァソールがホログラムを見《み》つめながらつぶやいた。

ミルズは、ガラスケースに顎《あご》をしゃくった。そこにはジュラシック・ワールドのラグーンから回収《かいしゅう》されたインドミナス・レックスの骨《ほね》が納《おさ》められていた。

「このDNA《ディーエヌエー》は、島《しま》が大噴火《だいふんか》を起《お》こす前《まえ》に回収《かいしゅう》され、まったく新《あたら》しい構造《こうぞう》を持《も》つ生物《せいぶつ》として生《う》まれ変《か》わりました。骨格《こっかく》も筋肉《きんにく》も狩猟《しゅりょう》と殺戮《さつりく》のために特化《とっか》され、オーウェン・グレイディの研究《けんきゅう》のおかげで人《ひと》の命令《めいれい》に従《したが》うこともわかった」

ミルズは誇《ほこ》らしげに続《つづ》けた。

「こいつを……インドラプトルと名付《なづ》けました」

エヴァソールの目《め》に欲望《よくぼう》の火《ひ》がともった。


ミルズはエヴァソールを鉄製《てっせい》のらせん階段《かいだん》に案内《あんない》した。

地下《ちか》には、セメントの壁《かべ》に直接《ちょくせつ》埋《う》め込《こ》まれた鉄製《てっせい》の檻《おり》がたくさん並《なら》んでいた。ひとつの暗《くら》い檻《おり》からは、さっきから何《なに》かを削《けず》るような音《おと》が伸《の》びていた。キィーッ、キィーッ……。

ミルズがその檻《おり》の前《まえ》で立《た》ち止《ど》まり、説明《せつめい》を再開《さいかい》した。

「性格《せいかく》の問題点《もんだいてん》を修正《しゅうせい》したら、実戦《じっせん》使用《しよう》のために大量《たいりょう》飼育《しいく》することが可能《かのう》になるでしょう」

性格《せいかく》の問題《もんだい》？　エヴァソールが先《さき》を促《うなが》した。またあの音《おと》がする。キィーッ、キィーッ……。

エヴァソールは暗《くら》がりにいる動物《どうぶつ》の姿形《すがたかたち》やサイズを推測《すいそく》できた。高《たか》さ3メートル、やせ型《がた》。

「なぜその檻《おり》はそんなに暗《くら》いんだ？」

エヴァソールの問《と》いに、ミルズはほほ笑《え》み返《かえ》す。

「電球《でんきゅう》が切《き》れたんです。交換《こうかん》するため、インドラプトルを眠《ねむ》らせるのに、2発《はつ》の麻酔銃《ますいじゅう》を撃《う》ちました。しかし、研究者《けんきゅうしゃ》が檻《おり》に入《はい》ったとき、われわれは実《じつ》は合計《ごうけい》3本《ぼん》の麻酔《ますい》が必要《ひつよう》だったことに気《き》づいたんです」

檻《おり》に差《さ》し込《こ》む光《ひかり》から、インドラプトルがその長《なが》い爪《つめ》を使《つか》い、人間《にんげん》の頭蓋骨《ずがいこつ》をもてあそんでいる様子《ようす》がわかった。キィーッ、キィーッ。それこそエヴァソールがさっきから耳《みみ》にする、あの不気味《ぶきみ》な音《おと》の正体《しょうたい》だったのだ。

「インドラプトルはわざと明《あ》かりを壊《こわ》したんです。つまり、こいつは腹《はら》が減《へ》っていた」

ウウウウウウッ……。檻《おり》の奥《おく》から低《ひく》い唸《うな》り声《ごえ》が聞《き》こえた。その直後《ちょくご》、インドラプトルが頭《ず》蓋骨《がいこつ》を檻《おり》に向《む》かってはじき飛《と》ばした。カッコォ〜〜ン。頭蓋骨《ずがいこつ》がぶつかり、音《おと》をたてた。

「ああ、私《わたし》ならそこに立《た》ちませんね」

ミルズの忠告《ちゅうこく》にエヴァソールが視線《しせん》を落《お》とすと、自分《じぶん》の靴先《くつさき》が赤《あか》いテープの張《は》られたライン上《じょう》にあることに気《き》づいた。エヴァソールは慌《あわ》てて一歩《いっぽ》下《さ》がった。

「これをバイヤーたちに見《み》せる」

エヴァソールは興奮《こうふん》した様子《ようす》で言《い》った。

第《だい》12章《しょう》　恐竜《きょうりゅう》の緊急手術《きんきゅうしゅじゅつ》

輸送船《ゆそうせん》の倉庫内《そうこない》。荷台《にだい》に鋼鉄製《こうてつせい》のケージを積《つ》んだ24台《だい》のトラックが並《なら》んでいる。檻《おり》には麻《ま》酔《すい》のかけられた恐竜《きょうりゅう》が入《はい》っていた。銃撃《じゅうげき》による傷《きず》が痛《いた》むブルーが、低《ひく》く唸《うな》り声《ごえ》をあげている。

「おい、あれを静《しず》かにさせろ！」

1人《ひとり》の傭兵《ようへい》がフラッシュライトを向《む》けながら叫《さけ》んだ。

布《ぬの》で覆《おお》われた荷台《にだい》の中《なか》で、ジアがブルーの首筋《くびすじ》を撫《な》でていた。

「シーッ、大丈夫《だいじょうぶ》」

ブルーは縛《しば》られ、口元《くちもと》にマズルガード（口輪《くちわ》）が装着《そうちゃく》されていた。そのときトラック後部《こうぶ》の布《ぬの》がめくられ、クレア、オーウェン、フランクリンが乗《の》り込《こ》んできた。

「生《い》きていたのね！　てっきりもう……」

ジアが叫《さけ》んだ。

オーウェンがシーッと自分《じぶん》の唇《くちびる》の前《まえ》に人《ひと》さし指《ゆび》をつけた。ブルーの状況《じょうきょう》を見《み》ながら身《み》をかがめる。

「あいつら、なんてことを……」

「いったい何者《なにもの》なの？」

ジアがささやいた。この船《ふね》に乗《の》っている男《おとこ》たちのことを指《さ》しているようだった。

「動物密売屋《どうぶつみつばいや》さ」

オーウェンが言《い》った。

「サンクチュアリに運《はこ》ぶんじゃない。売《う》るつもりだ」

ジアは顔《かお》を横《よこ》に振《ふ》った。

「でもブルーはきっと違《ちが》う。やつらはブルーを何《なに》か他《ほか》の目的《もくてき》に使《つか》うつもりなのよ」

ブルーが突然《とつぜん》痛《いた》みに唸《うな》った。脚《あし》に貼《は》られたばんそうこうに血《ち》が染《し》みていた。

「彼女《かのじょ》は大量《たいりょう》に出血《しゅっけつ》しているわ。早《はや》く弾《たま》を抜《ぬ》かないと出血多量《しゅっけつたりょう》で死《し》ぬ」

ジアは言《い》うと、クレアの手《て》をとり、その傷口《きずぐち》の上《うえ》に置《お》いた。

「ここを押《お》さえて。離《はな》さないで」

それからオーウェンを振《ふ》り返《かえ》り、

「銃弾《じゅうだん》を摘出《てきしゅつ》しなければ」

「って、そのままにしていたのかい？」

フランクリンがあぜんとした表情《ひょうじょう》で尋《たず》ねた。

「っていうか、あなたは医者《いしゃ》なの？」

ジアが反対《はんたい》に質問《しつもん》した。まるで何《なに》も知《し》らずにケアをしているかのように言《い》われ、ジアは気《き》分《ぶん》が悪《わる》かった。ジアは注射器《ちゅうしゃき》を取《と》り出《だ》すと、麻酔薬《ますいやく》を注射《ちゅうしゃ》した。船《ふね》が波《なみ》を受《う》けて揺《ゆ》れた。それに合《あ》わせるようにブルーが唸《うな》り声《ごえ》を漏《も》らした。

「おい、ブルー」

オーウェンがブルーをなだめようと声《こえ》をかけた。

「シーッ、シーッ」

ブルーは苦《くる》しそうに唸《うな》る。

「やっぱり輸血《ゆけつ》なしで銃弾《じゅうだん》を取《と》り除《のぞ》くなんて無理《むり》だわ」

ジアがため息《いき》を吐《つ》く。さらにクレアとオーウェンを見比《みくら》べながら、

「静脈《じょうみゃく》を見《み》つけられるのはどっちの人《ひと》？」

「……以前《いぜん》、赤十字《せきじゅうじ》で輸血《ゆけつ》の手伝《てつだ》いをしたことがあるわ」

クレアがそう言《い》って手伝《てつだ》い役《やく》を名乗《なの》り出《で》た。

「いいわ。じゃあ、静脈内《じょうみゃくない》カテーテルを装着《そうちゃく》して」

ジアがブルーの首筋《くびすじ》に大《おお》きなミミズのように浮《う》かぶ静脈《じょうみゃく》を指《ゆび》さした。

「絶対《ぜったい》に外《はず》さないでね。ねえフランクリン、クレアと代《か》わって」

「無理無理《むりむり》！　僕《ぼく》にはできないよ」

ジアはフランクリンの手首《てくび》をつかみ、ブルーの出血《しゅっけつ》している傷口《きずぐち》へ置《お》いた。噴《ふ》き出《だ》した血《ち》が、フランクリンの顔《かお》にかかる。

「ヤバイよ。マジ、ヤバイ。口《くち》に入《はい》った」

フランクリンはいかにも嫌《いや》そうな顔《かお》をした。

ジアのほうはオーウェンとクレアに向《む》き直《なお》る。

「この船《ふね》にいる恐竜《きょうりゅう》はぜんぶ麻酔《ますい》を打《う》たれてる。輸血《ゆけつ》するなら、少《すく》なくとも血液型《けつえきがた》が近《ちか》い種《しゅ》類《るい》でなければダメね。テタヌラ類《るい》の血《ち》ならたぶんどれでも合《あ》う。2本《ほん》か3本爪《ぼんつめ》の肉食恐竜《にくしょくきょうりゅう》を探《さが》して。4本以上《ほんいじょう》はダメ。それに合《あ》う恐竜《きょうりゅう》は、少《すく》なくともここに1頭《とう》いるわ」

うなずき外《そと》へ出《で》ると、オーウェンとクレアは静《しず》かにトラックを1台《だい》ずつチェックしていった。やがて、ジアの言《い》う特徴《とくちょう》に合《あ》う唯一《ゆいいつ》の恐竜《きょうりゅう》がなんであるか、わかってきた。

T《ティー》レックス……。

「うそでしょ……これって……」

クレアが絶句《ぜっく》する。

その巨大《きょだい》で最強《さいきょう》の肉食性恐竜《にくしょくせいきょうりゅう》は、広《ひろ》い厚板《あついた》の上《うえ》に横《よこ》たわり、頑丈《がんじょう》な鋼鉄《こうてつ》の留《と》め具《ぐ》で施錠《せじょう》されていた。麻酔《ますい》はかけられているものの、完全《かんぜん》に寝《ね》ているわけではなかった。

それにしてもなんと大《おお》きな頭部《とうぶ》か。

オーウェンがクレアを励《はげ》ますようにうなずき合図《あいず》した。

「麻酔《ますい》が効《き》いている。OK《オーケー》、OK《オーケー》、ここだ、来《こ》いよ」

すると、クレアはできるだけ優《やさ》しくT《ティー》レックスの首《くび》に手《て》をのせ、触《さわ》りはじめた。

「おとなしくしてね」

クレアがささやく。

「傷《きず》つけたりしないからね」

T《ティー》レックスは深《ふか》く低《ひく》い唸《うな》り声《ごえ》を漏《も》らした。

「いい子《こ》ね。ほら、ねえ？　私《わたし》たちは友《とも》だちね」

クレアはオーウェンに笑《え》みを投《な》げた。恐《おそ》ろしいT《ティー》レックスと友《とも》だちになろうとしているその様子《ようす》に驚《おどろ》き、オーウェンは呆気《あっけ》にとられている。オーウェンは仕方《しかた》なくT《ティー》レックスの首《くび》のまわりを手《て》でさわり、静脈《じょうみゃく》らしきものを見《み》つけた。

「あったよ」

クレアがうなずき返《かえ》した。オーウェンが彼女《かのじょ》に大《おお》きな注射器《ちゅうしゃき》とビニールパックのついたチューブを手渡《てわた》した。クレアがオーウェンの手《て》があった場所《ばしょ》に手《て》を伸《の》ばした。しかしT《ティー》レックスの大《おお》きな首《くび》には、静脈《じょうみゃく》も、その脈動《みゃくどう》も見《み》つけることができなかった。

「感《かん》じられないわ」

クレアがささやいた。

オーウェンは彼女《かのじょ》の手《て》をとり、それを静脈《じょうみゃく》の上《うえ》に動《うご》かした。

「ここだよ。ドクン、ドクンといっているだろう。ほら、ここ」

T《ティー》レックスが唸《うな》った。オーウェンはその頭部《とうぶ》と首《くび》の位置《いち》を確《たし》かめた。

「よし、じゃああそこへ登《のぼ》れ。またがって針《はり》を刺《さ》せ」

クレアは目《め》を丸《まる》め、オーウェンを見《み》つめ返《かえ》した。オーウェンはきっと気《き》が触《ふ》れたに違《ちが》いない……。

「無理《むり》！　私《わたし》できない！」

「大丈夫《だいじょうぶ》。牛《うし》に乗《の》るようなもんだ」

「無茶言《むちゃい》わないで。ロデオなんてやったこともないわ」

T《ティー》レックスが大《おお》きく鼻《はな》を鳴《な》らした。それはクルマのバックファイアほど大《おお》きい音《おと》だった。

オーウェンはクレアに動《うご》くようジェスチャーをした。

「今《いま》は眠《ねむ》っているが、いつ目《め》を覚《さ》ますかわからない。起《お》きる前《まえ》に早《はや》く！」

クレアはようやく決心《けっしん》した。腕《うで》に力《ちから》を込《こ》めると、T《ティー》レックスの背中《せなか》に登《のぼ》りはじめた。

「さあ、やったわよ。私《わたし》はT《ティー》レックスの背中《せなか》に乗《の》っているわ！」

自分《じぶん》でもその状況《じょうきょう》が信《しん》じられずにいた。

「グッド・ジョブ！」

オーウェンが感心《かんしん》しながら祝福《しゅくふく》した。

「これで仕事《しごと》がやりやすい」

クレアは静脈《じょうみゃく》に沿《そ》って指《ゆび》をはわせ、針《はり》が刺《さ》さりそうな場所《ばしょ》を見《み》つけて、軽《かる》く叩《たた》いてみた。

クレアが針《はり》を恐竜《きょうりゅう》の皮膚《ひふ》にたてた。しかし皮膚《ひふ》は分厚《ぶあつ》く、針《はり》が刺《さ》さらない。クレアはもう一度《いちど》試《ため》してみた。やはりダメだった。

「針《はり》を刺《さ》すことができないわ！」

「心配《しんぱい》ないよ。こいつは寝《ね》ている」

オーウェンの意味《いみ》は、もっと強《つよ》く思《おも》い切《き》りやれ、という指示《しじ》だった。

クレアは高《たか》く針《はり》を上《あ》げ、力《ちから》いっぱい突《つ》き刺《さ》した。するとチューブに血液《けつえき》が流《なが》れ込《こ》んだ。採《さい》血《けつ》に成功《せいこう》したのだ。T《ティー》レックスは大《おお》きな、怒《おこ》ったようなのど音《おと》をたてた。

「シーッ」

と、オーウェンがささやく。

「いい子《こ》だ、静《しず》かにして」

そのとき突然《とつぜん》T《ティー》レックスが身動《みうご》きをした。頭《あたま》が左右《さゆう》に振《ふ》れ、オーウェンをコンテナの側部《そくぶ》に押《お》しつけそうな位置《いち》まで追《お》いやった。そしてT《ティー》レックスの目《め》がゆっくりと開《ひら》きはじめた。オーウェンの顔《かお》は、その巨大《きょだい》な目《め》の真《ま》ん前《まえ》にあった。オーウェンには自分の姿がその濡れた目の表面に映るのが見えた。

「オーウェン、そっちは大丈夫《だいじょうぶ》？」

クレアが尋《たず》ねた。

「ああ、なんとか」

オーウェンが苦《くる》し紛《まぎ》れに言《い》った。

コンテナの外《そと》では、ちょうど通《とお》りかかった傭兵《ようへい》が開《あ》いたままのドアに気《き》づいた。傭兵《ようへい》はドアに手《て》をかけ、バタン！　ドアはロックされてしまった。

内部《ないぶ》では、甲高《かんだか》いドアの閉《し》まる音《おと》が、T《ティー》レックスを目覚《めざ》めさせていた。クレアやオーウェンが警戒《けいかい》する眼前《がんぜん》で、それは次第《しだい》に、そして完全《かんぜん》に覚醒《かくせい》しはじめた。

「動《うご》かないで！」

クレアがオーウェンにささやいた。

「わかった」

オーウェンが答《こた》えた。どちらにせよ動《うご》くことができない。

クレアは満《まん》タンになった採血《さいけつ》パックを取《と》り外《はず》し、動《うご》き続《つづ》けるT《ティー》レックスの上《うえ》に立《た》ち上《あ》がった。コンテナの天井《てんじょう》に飛《と》びついて、クレアはその開口部《かいこうぶ》に身体《からだ》をねじこませた。

「やった、出《で》たわオーウェン！」

捕食者《ほしょくしゃ》の目《め》が見開《みひら》いて、取《と》り残《のこ》されたオーウェンに焦点《しょうてん》を合《あ》わせた。目《め》がギラギラと輝《かがや》いている。T《ティー》レックスの顎《あご》が動《うご》き、オーウェンを捕《つか》まえようとしている。しかし狭《せま》い檻《おり》の中《なか》では、牙《きば》を使《つか》っただけではオーウェンに届《とど》くことができない。すると、大型恐竜《おおがたきょうりゅう》は後《うし》ろ脚《あし》の爪《つめ》を使《つか》い、その小《こ》ざかしい人間《にんげん》を切《き》り裂《さ》こうとした。オーウェンはその攻撃《こうげき》をかわしたが、まだ逃《に》げ場《ば》を見《み》つけられずにいた。そうしながら、T《ティー》レックスはさらに怒《いか》りを煮《に》えたぎらせていった。

クレアがコンテナの上《うえ》から飛《と》び降《お》りてきた。鍵《かぎ》を開《あ》け、ドアを開《ひら》いた。

オーウェンにとって、そのドアの開口部《かいこうぶ》へ至《いた》る道《みち》は、ひとつしかなかった。

T《ティー》レックスが開《あ》けた上《うわ》あごと下《した》あごのあいだ、だった。

「跳《と》んでオーウェン！　今《いま》よ、早《はや》く！」

クレアの絶叫《ぜっきょう》が響《ひび》き、世界最強《せかいさいきょう》の肉食性恐竜《にくしょくせいきょうりゅう》が口《くち》を広《ひろ》げる中《なか》、オーウェンはそこに飛《と》び込《こ》んだ。

ガブッ！！！

鋭《するど》い牙《きば》がすんでのところでオーウェンを切《き》り裂《さ》くところだったが、上下《じょうげ》の顎《あご》が合《あ》わさっただけだった。

オーウェンはドアの隙間《すきま》から外《そと》のデッキへと飛《と》び出《だ》した。クレアがドアを閉《し》め、施錠《せじょう》した。

2人《ふたり》とも激《はげ》しく息《いき》をしていた。

「ヤバかった」

オーウェンが聞《き》くと、クレアがうなずいた。

「血液《けつえき》パックはあるな？」

クレアは血液《けつえき》で満《み》ちたパックを掲《かか》げて見《み》せた。

こわばっていた2人《ふたり》の顔《かお》に笑《え》みが浮《う》かんだ。

ジアはTレックス《ティー》の血液《けつえき》をブルーの静脈《じょうみゃく》に輸血《ゆけつ》しはじめた。クレアは横《よこ》でラプトルの傷口《きずぐち》を押《お》さえている。代《か》わってもらい、ほっとした表情《ひょうじょう》のフランクリンがそれを見《み》ている。

「オーウェン、私《わたし》たちがそっちに行《い》けるよう、ブルーの脚《あし》を固定《こてい》して」

ジアは言《い》ってクレアを振《ふ》り返《かえ》る。

「あなたはできるときに傷口《きずぐち》をふいてね」

オーウェンはブルーの脚《あし》を拘束《こうそく》した。

「これより脚《あし》を切開《せっかい》、銃弾《じゅうだん》を取《と》り出《だ》す」

ジアがプローブ（探《さぐ》り針《ばり》）をブルーの傷口《きずぐち》に入《い》れた。

「それはなんに使《つか》うんだい？」

フランクリンが顔《かお》をしかめながら尋《たず》ねた。

「エックス線装置《せんそうち》がないから、これが銃弾《じゅうだん》を見《み》つける唯一《ゆいいつ》の方法《ほうほう》なのよ」

「前《まえ》にも同《おな》じことをやったことがあるんだろう？」

「ええ、あるわ。シーッ……」

ジアはフランクリンに黙《だま》るようジェスチャーをした。

「生《い》きた動物《どうぶつ》で？」

「学校《がっこう》では同尺《どうしゃく》モデルで実習《じっしゅう》したの。ニューヨークでは本物《ほんもの》の恐竜《きょうりゅう》が見《み》つからないから」

プローブが何《なに》かに突《つ》き当《あ》たった。

「あったわ！」

ジアが叫《さけ》び、ゆっくりとプローブを引《ひ》き抜《ぬ》いた。そして傷口《きずぐち》からブルーの上脚部《じょうきゃくぶ》の深《ふか》さを測《はか》った。つまり銃弾《じゅうだん》のある位置《いち》だ。それからジアは注射器《ちゅうしゃき》に致死量《ちしりょう》の麻酔薬《ますいやく》を入《い》れた。

「それはなんのため？」

フランクリンが尋《たず》ねた。

「恐竜《きょうりゅう》の骨《ほね》は中心《ちゅうしん》が空洞《くうどう》なのよ。もし銃弾《じゅうだん》が骨《ほね》まで達《たっ》していたら、私《わたし》たちにできることは何《なに》もないわ。そのときは……ブルーを楽《らく》にしてあげないと」

「その場合《ばあい》は、おれがやるよ」

オーウェンが覚悟《かくご》をしたように言《い》った。

ジアはメスを使《つか》って銃弾《じゅうだん》のある位置《いち》まで肉《にく》を切《き》り裂《さ》いた。

「筋肉量《きんにくりょう》がとても多《おお》い」

ジアがつぶやく。全員《ぜんいん》が固唾《かたず》をのんで見守《みまも》っている。果《は》たして銃弾《じゅうだん》は骨《ほね》まで打《う》ち砕《くだ》いているのだろうか？

「いい？　行《い》くわよ」

ジアが言《い》って、鉗子《かんし》を手《て》に取《と》った。手《て》を固定《こてい》する。そしてゆっくり鉗子《かんし》の先《さき》を沈《しず》めていった。

ジアが銃弾《じゅうだん》を引《ひ》き抜《ぬ》いた。銃弾《じゅうだん》にへこみはない。ジアは安堵《あんど》のため息《いき》を吐《つ》き、傷口《きずぐち》を見下《みお》ろした。

「骨《ほね》には達《たっ》していなかった。大丈夫《だいじょうぶ》。ブルーは助《たす》かる」

オーウェンたちが笑《え》みを浮《う》かべ、ほっと胸《むね》をなでおろした。

ブルーが微《かす》かに動《うご》いた。目《め》を覚《さ》まそうとしている。

「シーッ、ブルー！」

オーウェンが話《はな》しかけ、おとなしくさせようとしている。

「シーッ、静《しず》かに。大丈夫《だいじょうぶ》だよ、治《なお》したからね」

オーウェンがさわるその下《した》で、ブルーは落《お》ち着《つ》きを取《と》り戻《もど》していった。

第《だい》13章《しょう》　地下室《ちかしつ》のモンスター

ロックウッドの邸宅《ていたく》では、メイジーがロックウッドのベッドルームに忍《しの》び込《こ》んでいた。

ロックウッドはベッドで目《め》を閉《と》じていたが、メイジーの気配《けはい》に、

「メイジー、何《なに》をしとるんだね？」

孫娘《まごむすめ》の様子《ようす》がいつもと違《ちが》うことに、気《き》づいたようだ。

「今日《きょう》ね、ミルズさんに会《あ》いに、男《おとこ》の人《ひと》が来《き》た」

メイジーは顔《かお》をしかめ、「あの人《ひと》、嫌《きら》い」

エヴァソールのことだった。

ロックウッドがメイジーの頭《あたま》を撫《な》でた。

「サンクチュアリのことで、打《う》ち合《あ》わせにでも来《き》たんだろう。それが何《なに》か？」

少女《しょうじょ》が首《くび》を激《はげ》しく横《よこ》に振《ふ》った。

「話《はな》してるの聞《き》いたの。恐竜《きょうりゅう》を売《う》るつもりよ！　ここまで連《つ》れてきて」

その瞬間《しゅんかん》、ロックウッドの顔《かお》に影《かげ》がさした。それでもロックウッドは何《なに》も気《き》にしていない

かのように、

「おまえの聞《き》き違《ちが》いだろう」

メイジーがロックウッドの目《め》をじっと見返《みかえ》している。

「ホントよ、ちゃんと聞《き》いた」

「メイジー、もうベッドに入《はい》る時間《じかん》だ。話《はなし》は明日《あした》にしよう。明日確《あしたたし》かめてみるから」

ロックウッドはメイジーの額《ひたい》にキスをして、抱《だ》きしめた。

「おやすみ。いい子《こ》だ」

メイジーは気《き》づいていなかった。老人《ろうじん》の顔《かお》に激《はげ》しい感情《かんじょう》が浮《う》かんでいることを。それはミルズの裏切《うらぎ》りに対《たい》する、怒《いか》りだった。


朝早《あさはや》く、メイジーはサービスエレベーターの横《よこ》にあるキーパッドに近寄《ちかよ》り、昨夜盗《さくやぬす》み見《み》て覚《おぼ》えたパスワードを入力《にゅうりょく》した。ドアが開《あ》き、メイジーは中《なか》へ足《あし》を踏《ふ》み入《い》れた。

初《はじ》めて立《た》ち入《い》った、大人《おとな》が「ラボ」と呼《よ》ぶ研究室《けんきゅうしつ》の中《なか》は、機械《きかい》やディスプレーばかりだ。

小《ちい》さなヴェロキラプトルが映《うつ》っているモニターに引《ひ》かれ、メイジーは近《ちか》づいた。なんだかおもしろそうだ。メイジーは再生《さいせい》ボタンをクリックしてみた。

画面上《がめんじょう》では、オーウェンがペンを片手《かたて》に持《も》ち、4頭《とう》の赤《あか》ちゃんラプトル……エコー、デルタ、チャーリー、ブルーと一緒《いっしょ》にいた。

「おれを見《み》ろ」

オーウェンが赤《あか》ちゃん恐竜《きょうりゅう》たちに言《い》った。

愛《あい》らしい小《ちい》さな恐竜《きょうりゅう》たちが、オーウェンが持《も》つビーフジャーキーを目《め》で追《お》い、頭《あたま》を同時《どうじ》に動《うご》かした。オーウェンがごちそうをラプトルたちに近《ちか》づけた。1頭《とう》のラプトルがそれを奪《うば》った。

「だめ」オーウェンが叱《しか》った。「デルタ、だめだよ」

オーウェンがビーフジャーキーを他《ほか》の3頭《とう》に投《な》げると、デルタがシューッと音《おと》をたてた。

「ルールがあっただろう？　さあ、お嬢《じょう》さんたち、行儀《ぎょうぎ》よくしてくれよ」

ビデオはいったん切《き》れて、オーウェンが直接《ちょくせつ》カメラに話《はな》しかける場面《ばめん》になった。

「148日目《にちめ》。ラプトルたちとの付《つ》き合《あ》い方《かた》の実験《じっけん》を行《おこな》っている。ラプトルたちはオオカミの群《む》れのように、防衛《ぼうえい》のための集団《しゅうだん》を形成《けいせい》している。相手《あいて》に弱《よわ》みやケガを感知《かんち》した場合《ばあい》、ラプトルたちは自分《じぶん》が有利《ゆうり》なことを認識《にんしき》する」

メイジーは関心《かんしん》を抱《いだ》いた。ビデオでは、オーウェンがケガをして泣《な》いたフリをしている。

赤《あか》ちゃんラプトルたちはそれを見《み》て、すぐに攻撃《こうげき》してきた。オーウェンの身体《からだ》の上《うえ》にあちこちから上《のぼ》りはじめた。オーウェンは抵抗《ていこう》して彼《かれ》らを振《ふ》り払《はら》った。ただ、ブルーという個体《こたい》だけがわずかに長《なが》くオーウェンの上《うえ》に乗《の》っていた。

「187日目《にちめ》」

オーウェンが再《ふたた》びビデオを直視《ちょくし》しながらしゃべっている。

「今日《きょう》はとてもエキサイティングな進歩《しんぽ》があった。ラプトルたちのうちの1頭《とう》が、驚異的《きょういてき》レベルの従順性《じゅうじゅんせい》を見《み》せた」

ビデオではオーウェンがブルーと一対一《いったいいち》で対峙《たいじ》している様子《ようす》が映《うつ》し出《だ》されていた。オーウェンがケガをして泣《な》いたフリをしているが、ブルーはすぐには襲《おそ》ってこない。ブルーはじっとオーウェンを観察《かんさつ》している。それから徐々《じょじょ》に近《ちか》づき、関心《かんしん》を持《も》っているようにオーウェンを見《み》ている。

「この子《こ》がブルー。この個体《こたい》は特別《とくべつ》だ。ブルーは他者《たしゃ》への関心《かんしん》や好奇心《こうきしん》が強《つよ》く、高度《こうど》の知性《ちせい》を有《ゆう》すると同時《どうじ》に、仲間意識《なかまいしき》も強《つよ》い。見《み》てくれ。彼女《かのじょ》はおれのことを心配《しんぱい》している。頭《あたま》を傾《かたむ》け、前傾姿勢《ぜんけいしせい》をとっているだろう。目《め》もせわしなく動《うご》かしている。共感《きょうかん》しているんだ。哺乳《ほにゅう》類《るい》と同《おな》じようにね。まさかラプトルがこのレベルのつながりを持《も》っているとは……」

オーウェンをビデオで見《み》ながら、メイジーはほほ笑《え》んだ。いい人《ひと》だと思《おも》った。

オーウェンが身《み》を起《お》こし、ブルーに自分《じぶん》が本当《ほんとう》はケガをしていないことを教《おし》えた。

「ブルー、おれは平気《へいき》だよ。わかる？　元気《げんき》さ。なんでもない」

ブルーがリラックスして、オーウェンを見《み》ている。人間《にんげん》と恐竜《きょうりゅう》のあいだに、確《たし》かにつながりがあることが見《み》て取《と》れた。

「じゃあ、ご褒美《ほうび》をあげようね」

と、オーウェンがビデオのなかでブルーに話《はな》している。

「おまえだけにだよ、これは」

オーウェンは袋《ふくろ》に手《て》を伸《の》ばした。ブルーが警戒《けいかい》している。オーウェンが取《と》り出《だ》したのは死《し》んだネズミだった。ブルーがそれを奪《うば》い、うれしそうに走《はし》っていった。

「ブルーがカギだ。ブルーをリーダーにラプトルを馴《な》らすことができる」

ブルーを見《み》つめるオーウェンが力強《ちからづよ》くうなずいた。

そのときメイジーの後《うし》ろから突然《とつぜん》男《おとこ》の声《こえ》が聞《き》こえた。

「生《い》きてるんだな？」

メイジーははっとした。誰《だれ》かがやってくる！

ビデオを止め、身《み》を隠《かく》した。オフィスからミルズと他《ほか》の男《おとこ》が入《はい》ってきたようだ。

「死《し》んでも、血液《けつえき》サンプルが採《と》れる」

ミルズが返事《へんじ》をしている。相手《あいて》はヘンリー・ウー博士《はかせ》だ。怒《おこ》っているように見《み》える。

「それだけではダメだ。ラプトルは行動《こうどう》で学《まな》ぶ種族《しゅぞく》だ。健康《けんこう》な状態《じょうたい》で手《て》に入《い》れないと」

「撃《う》ったのは私《わたし》じゃない。私《わたし》にはどうしようもないだろう、え？」

ウー博士《はかせ》が足《あし》を止《と》め、ミルズを憤慨《ふんがい》したように見返《みかえ》した。

「君《きみ》には私《わたし》がここでやっていることへの理解《りかい》がまるでないようだな。まったく新《あたら》しい生命《せいめい》を創造《そうぞう》するというのが、どんなにたいへんなことか！」

「だが、そのためのカネを用意《ようい》するのもたいへんなんだ！」

ミルズが反撃《はんげき》した。

メイジーは研究室《けんきゅうしつ》から逃《に》げ出《だ》したかった。見回《みまわ》すと、らせん階段《かいだん》が近《ちか》くにあった。恐竜《きょうりゅう》を入《い》れた檻《おり》が並《なら》ぶ下《した》のフロアへ続《つづ》く階段《かいだん》だ。メイジーは気《き》づかれないように階段《かいだん》へ近《ちか》づいた。

そのとき、ウー博士《はかせ》が階段《かいだん》の方《ほう》へ向《む》きを変《か》えた。ミルズが後《あと》に続《つづ》いている。メイジーは彼《かれ》らより先《さき》に降《お》りようと、急《いそ》いで足《あし》を動《うご》かした。

「ブルーが死《し》んでしまえば、そのカネもすべて無駄《むだ》になる。制御可能《せいぎょかのう》な反復世代《はんぷくせだい》を確立《かくりつ》するには、近接《きんせつ》した遺伝子《いでんし》リンクで家族的結合《かぞくてきけつごう》を形成《けいせい》する必要《ひつよう》がある」

ウー博士《はかせ》が階段《かいだん》を降《お》りながら言《い》った。靴底《くつぞこ》が鉄《てつ》の階段《かいだん》をコツコツと鳴《な》らしている。

「わかりやすく言《い》うと？」

「母親《ははおや》が必要《ひつよう》なんだ。ブルーのＤＮＡ《ディーエヌエー》は、次《つぎ》のインドラプトルを生《う》み出《だ》すのに欠《か》かせない。ブルーの持《も》つ遺伝子情報《いでんしじょうほう》、遺伝形質《いでんけいしつ》・共感性《きょうかんせい》・従順性《じゅうじゅんせい》、そのすべてが試作品《しさくひん》のインドラプトルに欠《か》けている要素《ようそ》なんだ」

「完成《かんせい》にはどのくらいかかる？」

階段《かいだん》を降《お》りながらミルズが尋《たず》ねた。

「科学《かがく》はスプリント競技《きょうぎ》じゃないよ、ミルズ君《くん》。マラソン競技《きょうぎ》だ」

聞《き》きながら、メイジーは階段《かいだん》の下《した》まで降《お》り、隠《かく》れる場所《ばしょ》を探《さが》した。

「いかにもカネがかかりそうだ。その前《まえ》に時間《じかん》がない。待《ま》つのはもううんざりだ」

ミルズが言《い》った。彼《かれ》とウー博士《はかせ》はそろそろ階段《かいだん》を降《お》り切《き》るところまで来《き》ていた。メイジーは暗《くら》い廊下《ろうか》へ急《いそ》いで移動《いどう》した。

それは、インドラプトルのいる檻《おり》へ続《つづ》いていた。

「これは未知《みち》への挑戦《ちょうせん》だ。そこをわかってくれないと」

ウー博士《はかせ》が訴《うった》えた。

「例《たと》えばオオカミとブルドッグとは、遺伝子的《いでんしてき》にはほとんど差《さ》がない。しかし、見《み》た目《め》はまるで違《ちが》うだろう。そこなんだよ」

メイジーは聞《き》きながら、廊下《ろうか》を後《あと》ずさりしていた。男《おとこ》たちからは離《はな》れていくが、逆《ぎゃく》に彼《かれ》らが言《い》う「遺伝的《いでんてき》な怪物《かいぶつ》」には近《ちか》づいていた。廊下《ろうか》の奥《おく》にそれは閉《と》じ込《こ》められているのだ。

「理屈《りくつ》はもういい。できるのか、できないのか？　どっちなんだ？」

ミルズが念《ねん》を押《お》すように言《い》った。ウー博士《はかせ》はミルズを冷静《れいせい》に見返《みかえ》した。

「ああ、できるとも」

2人《ふたり》が別々《べつべつ》の方向《ほうこう》へ歩《ある》き出《だ》すのがわかった。

メイジーはそのとき背後《はいご》で、カチカチという音《おと》を聞《き》いた。

そっと暗闇《くらやみ》に目《め》を凝《こ》らした。怖《こわ》いけれど、興味《きょうみ》が勝《まさ》っていた。

何《なに》かが鼻《はな》を鳴《な》らしている。まるで少女《しょうじょ》のにおいを嗅《か》ごうとしているかのようだ。メイジーは来《き》た方《ほう》を振《ふ》り返《かえ》り、男《おとこ》たちがこちらへ来《く》るかどうか、耳《みみ》を澄《す》ました。

そのとき、背後《はいご》から、長《なが》く曲《ま》がった、鋭《するど》い爪《つめ》がゆっくりと近《ちか》づいていることに、メイジーはまったく気《き》づいていなかった。メイジーは前《まえ》へ足《あし》を動《うご》かした。爪《つめ》が下《お》りてくる。彼女《かのじょ》にはわからない。爪《つめ》が彼女《かのじょ》の髪《かみ》の毛《け》に触《ふ》れた。メイジーは気配《けはい》に気《き》づいて身体《からだ》をひるがえした。目《め》が驚愕《きょうがく》に広《ひろ》がる。インドラプトルとすぐ近《ちか》くで対面《たいめん》していたのだ。

インドラプトルが低《ひく》く唸《うな》った。その目《め》はじっとメイジーを見《み》ている。少女《しょうじょ》は恐怖《きょうふ》に身体《からだ》を凍《こお》らせたまま、その、こちらの心《こころ》を見通《みとお》すような、捕食者《ほしょくしゃ》の目《め》をじっと見返《みかえ》した。

誰《だれ》かが腕《うで》をつかんで少女《しょうじょ》を引《ひ》っ張《ぱ》った。

「おい！　メイジー！」

メイジーはそこで初《はじ》めて悲鳴《ひめい》をあげた。

「あれは何《なに》？　なんなのよ？」

ミルズだった。ミルズはメイジーを彼女《かのじょ》の部屋《へや》へ連《つ》れていくと、ドアにカギをかけた。

そこにアイリスがやってきた。ミルズは、

「部屋《へや》から出《だ》すな。鍵《かぎ》を開《あ》けるんじゃないぞ」

言《い》って苦《くる》しそうに肩《かた》で息《いき》をした。

アイリスが用事《ようじ》を思《おも》い出《だ》し、表情《ひょうじょう》を変《か》えずに言《い》った。

「ベンジャミン様《さま》がお呼《よ》びです。大事《だいじ》なご用《よう》のようです」

第《だい》14章《しょう》　恐竜上陸作戦《きょうりゅうじょうりくさくせん》

夜《よる》、恐竜《きょうりゅう》たちを積《つ》んだ輸送船《ゆそうせん》がロックウッド邸近《ていちか》くのドックに接岸《せつがん》した。オーウェン、クレア、フランクリン、ジアはトラックの荷台《にだい》にいて、ブルーを介護《かいご》していた。

クレアが港《みなと》に到着《とうちゃく》した気配《けはい》に気《き》づいた。「着《つ》いたわ」

「どこに？」フランクリンが尋《たず》ねた。

クレアが答《こた》える前《まえ》に、誰《だれ》かが運転席側《うんてんせきがわ》のドアを開《あ》け、乗《の》り込《こ》む音《おと》が聞《き》こえた。ウィートリーだ。座席側《ざせきがわ》から荷台《にだい》につながるハッチを開《あ》け、ジアにブルーの様子《ようす》を尋《たず》ねている。

「まだ生《い》きてるか？」

「ああ。あんたは？」

ジアの皮肉《ひにく》にウィートリーは顔《かお》をしかめた。

「血液《けつえき》を採《と》ってくれ」

「この子《こ》の世話《せわ》はする。それ以上《いじょう》はごめん。自分《じぶん》の血《ち》を抜《ぬ》いたら？」

ジアが反抗的《はんこうてき》に続《つづ》けると、ウィートリーはムカついた顔《かお》で首《くび》を振《ふ》り、ハッチを閉《し》めた。ジアはオーウェン、クレア、フランクリンに目《め》くばせした。早《はや》くここを出《で》て、という無言《むごん》の合《あい》図《ず》だった。

オーウェンとクレアはトラックの後《うし》ろから静《しず》かに出《で》ると、トラックの横《よこ》へ回《まわ》った。ところがフランクリンが荷台《にだい》から降《お》りようとしたとき、乗組員《のりくみいん》の男《おとこ》が角《かど》を曲《ま》がり、フランクリンを見《み》つけてしまった。

「おまえ！　そこで何《なに》してる？」

乗組員《のりくみいん》が叫《さけ》んだ。

フランクリンは驚《おどろ》いて立《た》ち止《ど》まった。

「ああー、僕《ぼく》は……」

モジモジしているあいだに、荷台《にだい》からジアが顔《かお》を出《だ》した。乗組員《のりくみいん》を見《み》て言《い》った。

「手《て》が足《た》りなくて手伝《てつだ》いを頼《たの》んだんだ」

乗組員《のりくみいん》はフランクリンを疑《うたが》い深《ぶか》い目《め》で見《み》ている。

「乗組員《のりくみいん》か？」

フランクリンは、船《ふね》で働《はたら》く本物《ほんもの》の乗組員《のりくみいん》ならどう答《こた》えるか考《かんが》えた。そして、「アイ・アイ！」とへんてこな返事《へんじ》をした。

乗組員《のりくみいん》は、疑《うたが》い深《ぶか》い目《め》つきを変《か》えぬまましばらくフランクリンを見《み》つめ、

「荷降《にお》ろしにかかる。来《こ》い！」

フランクリンの目《め》が驚《おどろ》きに広《ひろ》がった。

「これから船《ふね》を降《お》りるんですか？」

乗組員《のりくみいん》は足《あし》を止《と》め、振《ふ》り返《かえ》ってフランクリンを見《み》つめた。

「荷降《にお》ろしと言《い》ったろ。何《なに》ボケかましてるんだ。早《はや》く来《こ》い。やることは山《やま》ほどある。オラ！早《はや》くついてこい」

バカにするように言《い》うと、

「ほら急《いそ》げ！」

言《い》い残《のこ》して歩《ある》き去《さ》った。少《すこ》しのあいだ迷《まよ》うも、フランクリンは仕方《しかた》なく乗組員《のりくみいん》の後《あと》についていった。ここは乗組員《のりくみいん》のフリをしてやり過《す》ごすしかなかった。

オーウェンとクレアはトラックの下《した》に潜《もぐ》り込《こ》み、隠《かく》れていた。そこからフランクリンの足《あし》が遠《とお》ざかっていくのがわかった。

「たいへん、すぐにバレちゃう。なんとかしないと」

クレアたちを振《ふ》り返《かえ》るフランクリンは、いかにも不安《ふあん》そうに見《み》えた。

「よし」

オーウェンがクレアにささやいた。

「おれがなんとかしよう」

ところがオーウェンがはい出《だ》す前《まえ》に、トラックのエンジンが始動《しどう》した。船倉《せんそう》に止《と》められたすべてのトラックからもエンジンの音《おと》が聞《き》こえはじめる。オーウェンはトラックからはい出《だ》すべきなのは、自分《じぶん》だけでないことに気《き》づいた。

「出《で》ろ！」

オーウェンが叫《さけ》んだ。２人《ふたり》はもともと運転《うんてん》し乗《の》り込《こ》んだ同《おな》じトラックの運転席《うんてんせき》に入《はい》った。座《すわ》るとオーウェンがエンジンをかけた。

「フランクリンとジアを取《と》り戻《もど》す」オーウェンはクレアに宣言《せんげん》した。「だから心配《しんぱい》するな」

クレアがトラックの窓《まど》から外《そと》をのぞき見《み》た。

「ここはどこかしら？」

恐竜《きょうりゅう》を積《つ》んだトラックの車列《しゃれつ》が輸送船《ゆそうせん》を降《お》り、第二次世界大戦時代《だいにじせかいたいせんじだい》につくられた軍用《ぐんよう》ドックに上陸《じょうりく》していく。長《なが》いあいだ誰《だれ》も使《つか》っていなかった場所《ばしょ》だ。

車列《しゃれつ》はやがて海岸《かいがん》を離《はな》れ、丘《おか》を上《あ》がっていった。霧《きり》に覆《おお》われた針葉樹《しんようじゅ》の森《もり》。その先《さき》にはロックウッド邸《てい》の大《おお》きな建物《たてもの》がそびえていた。

ロックウッドはベッドに横《よこ》たわり、点滴《てんてき》につながれていた。側《そば》に立《た》つミルズを見上《みあ》げる顔《かお》には生気《せいき》がないが、目《め》には怒《いか》りが燃《も》えている。

「こんなことしでかして、ただで済《す》むと思《おも》うのか？　それも私《わたし》の家《いえ》で」

ミルズは冷《つめ》たい目《め》で主人《しゅじん》を見返《みかえ》した。

「あなたは私《わたし》を信《しん》じて、未来《みらい》のためにと私財《しざい》を託《たく》されました。それに応《こた》えたのです」

「バカを言《い》うな！　電話《でんわ》を取《と》るんだ」

ロックウッドがベッド脇《わき》のクッションの上《うえ》にある電話《でんわ》に顎《あご》をしゃくった。

「おまえの口《くち》から警察《けいさつ》に説明《せつめい》しろ。そのほうが間違《まちが》いがないし、手間《てま》が省《はぶ》ける」

主人《しゅじん》の科《か》す罰《ばつ》を、ミルズは甘《あま》んじて受《う》け入《い》れるかのように電話《でんわ》へ向《む》かった。ところが彼《かれ》の手《て》がつかんだのは電話《でんわ》だけではなかった。

「ジョン・ハモンドは正《ただ》しかった。あなたのしたことは神《かみ》に背《そむ》く行為《こうい》です。罪深《つみぶか》いのは私《わたし》だけじゃありません」

ミルズのつかんだクッションが、ロックウッドの顔《かお》に近《ちか》づいた。口元《くちもと》を押《お》さえられながら、老人《ろうじん》にはすでに抵抗《ていこう》する力《ちから》も残《のこ》されていなかった。

メイジーの部屋《へや》のドアはミルズが出《で》るときにロックされていた。ミルズがいなくなると、メイジーは窓《まど》から外《そと》をのぞき見《み》た。気《き》になるのは大好《だいす》きなおじいさまのことだった。邸宅《ていたく》の下《した》、渓谷《けいこく》にトラックの車列《しゃれつ》らしきヘッドライトが動《うご》くのが見《み》えた。

ついに来《き》たんだ……。メイジーは涙《なみだ》をぬぐい、意《い》を決《けっ》した。

針金《はりがね》のハンガーピンと1枚《まい》の紙《かみ》を取《と》り出《だ》した。その紙切《かみき》れをドアの下《した》に滑《すべ》らせ、鍵《かぎ》の下《した》に置《お》いた。それからピンを鍵穴《かぎあな》に通《とお》し、反対側《はんたいがわ》から差《さ》し込《こ》まれている鍵《かぎ》が紙《かみ》の上《うえ》に落《お》ちるまで押《お》した。カタン。メイジーは慎重《しんちょう》に紙《かみ》を引《ひ》き、部屋《へや》の中《なか》に現《あらわ》れた鍵《かぎ》を拾《ひろ》い上《あ》げた。

鍵《かぎ》を使《つか》ってドアを開《あ》けたとき、外《そと》で物音《ものおと》がした。少女《しょうじょ》は慌《あわ》てて手《て》を止《と》め、耳《みみ》を澄《す》ました。

ホールに誰《だれ》かがいる。ミルズが部屋《へや》の近《ちか》くに警備員《けいびいん》を置《お》いているのだ。

メイジーは気《き》づかれないようにドアを閉《し》めた。それから窓《まど》へ戻《もど》り、外《そと》をのぞいた。

どうやらここが唯一残《ゆいいつのこ》された脱出口《だっしゅつぐち》のようだった。

第《だい》15章《しょう》 ミルズとの再会《さいかい》

トラックのハンドルを握《にぎ》るオーウェンは、他《ほか》のトラックについて森《もり》の中《なか》の道《みち》を走《はし》っていた。やがて前方《ぜんぽう》に、精細《せいさい》な模様《もよう》の入《はい》った鉄製《てつせい》のゲートが見《み》えてきた。

「ここ、来《き》たことがあるわ」クレアがあたりを見《み》ながら言《い》った。「ロックウッド邸《てい》よ」

「ふむ。ロックウッドはきっととてつもなく広《ひろ》いガレージを持《も》っているんだろうな」

車列《しゃれつ》のトラックの数《かず》を考《かんが》えながら、オーウェンはそう言《い》ってあたりを見回《みまわ》した。

ゲートにいる男《おとこ》がトラックに手《て》をあげていた。しかしオーウェンたちが通《とお》ると、その男《おとこ》はオーウェンとクレアが島《しま》から逃《に》げ出《だ》してきたことに気《き》づいた。彼《かれ》はかつての部下《ぶか》の1人《ひとり》だった。男《おとこ》が慌《あわ》てて自分《じぶん》の無線《むせん》をとり、報告《ほうこく》した。

最前列《さいぜんれつ》のトラックが邸宅《ていたく》に到着《とうちゃく》し、地下《ちか》の抑留房《よくりゅうぼう》に恐竜《きょうりゅう》たちを運《はこ》び込《こ》みはじめた。邸宅《ていたく》の地下《ちか》に広《ひろ》がる、抑留用《よくりゅうよう》の檻《おり》が並《なら》ぶあの場所《ばしょ》だった。アンキロサウルスが片脚《かたあし》を引《ひ》きずりながら、コンクリートでできた自分《じぶん》の房《ぼう》へ入《はい》っていく。鍵《かぎ》がかけられると、アンキロサウルスは怒《おこ》り、唸《うな》り声《ごえ》をあげた。それに呼応《こおう》するように他《ほか》の恐竜《きょうりゅう》たちが鳴《な》き、唸《うな》った。

ブルーのいるトラックでは、ジアが彼女《かのじょ》の目《め》をフラッシュライトで調《しら》べていた。ブルーが目覚《めざ》め、片方《かたほう》の脚《あし》を動《うご》かし、自分《じぶん》で縄《なわ》を外《はず》した。手術《しゅじゅつ》がうまくいったことを確信《かくしん》し、ジアは満面《まんめん》の笑顔《えがお》だ。

そのトラックが傾斜道《けいしゃみち》のいちばん上《うえ》で止《と》まった。ウィートリーが飛《と》び降《お》り、ミルズにあいさつをした。

「ハンターが今晩《こんばん》のおかずを持《も》って帰《かえ》ってきましたぜ」

独特《どくとく》な言《い》い方《かた》に、ミルズは笑《わら》うわけでも、うれしそうでもなかった。

「見《み》せろ」

ウィートリーはうなずき、ミルズをトラックの後《うし》ろへ案内《あんない》し、布《ぬの》のカバーを開《あ》けた。ミルズの目《め》にブルー、そしてジアが映《うつ》った。

「彼女《かのじょ》は何者《なにもの》だ？」

ミルズがウィートリーを責《せ》めるように尋《たず》ねた。

「獣医師《じゅういし》が必要《ひつよう》だったものですから」

ウィートリーが説明《せつめい》すると、ジアがそっけない言《い》い方《かた》で、

「ケガを消毒《しょうどく》するため、消毒済《しょうどくず》みの医療器具《いりょうきぐ》や薬《くすり》が必要《ひつよう》なの」

ミルズがブルーのケガを凝視《ぎょうし》した。ジアにより丁寧《ていねい》に治療《ちりょう》されている。

ウィートリーが布《ぬの》カバーを閉《と》じた。

「必要《ひつよう》なものを渡《わた》してやれ」

ミルズが言《い》うと、ウィートリーが肩《かた》をすくめた。

「私《わたし》の必要《ひつよう》なものは？」

ミルズが、不機嫌《ふきげん》そうに見返《みかえ》した。

「この生《い》き物《もの》が死《し》ななければ、おまえはカネを受《う》け取《と》れる」

そう言《い》ってミルズは歩《ある》き去《さ》った。ウィートリーはトラックの後部《こうぶ》を叩《たた》いた。トラックは抑《よく》留房《りゅうぼう》に向《む》かって走《はし》り出《だ》した。


オーウェンとクレアのトラックは車列《しゃれつ》の後方《こうほう》を走《はし》っていたが、徐々《じょじょ》に停車《ていしゃ》しはじめた。クレアは前《まえ》の暗《くら》い十字路《じゅうじろ》に目《め》を凝《こ》らした。

「30キロほど行《い》けば、町《まち》がある」

オーウェンはクレアの視線《しせん》をたどって道《みち》のある方向《ほうこう》を見《み》た。

「助《たす》けを呼《よ》びにいけば、この悪《わる》だくみを全部《ぜんぶ》やめさせることができるかもしれないわ」

オーウェンは少し考《かんが》え、意《い》を決《けっ》してハンドルを切《き》った。車列《しゃれつ》から彼《かれ》らのトラックが外《はず》れ、十字路《じゅうじろ》に向《む》かうと、オーウェンはヘッドライトの中《なか》に、3人《にん》の武装《ぶそう》した男《おとこ》たちが銃《じゅう》をこちらに向《む》けて近《ちか》づいてくるのに気《き》づいた。オーウェンは仕方《しかた》なくブレーキを踏《ふ》んだ。

すると、どこからともなくウィートリーの腕《うで》が伸《の》びて、オーウェンのこめかみに銃口《じゅうこう》が押《お》し付《つ》けられた。

「よぉ。おまえは島《しま》に残《のこ》って、火山《かざん》と運試《うんだめ》しをするべきだったのに」

ウィートリーはそう言《い》うと、部下《ぶか》とともにオーウェンとクレアを連《つ》れて、地下《ちか》にある抑留《よくりゅう》房《ぼう》の檻《おり》に閉《と》じ込《こ》めた。

房《ぼう》の鉄格子《てつごうし》越《ご》しに、オーウェンたちはトリケラトプスの母親《ははおや》とその子供《こども》が向《む》かい側《がわ》の房《ぼう》にいるのを見《み》た。2頭《とう》は身《み》を寄《よ》せ合《あ》い、母恐竜《ははきょうりゅう》が悲《かな》しげに鳴《な》き声《ごえ》をあげた。

「やぁクレア……」

鉄格子《てつごうし》の向《む》こうから声《こえ》が聞《き》こえてきた。振《ふ》り返《かえ》ると、ミルズが立《た》っていた。

「君《きみ》に一言《ひとこと》謝《あやま》ろうと思《おも》ってね。こんな目《め》に遭《あ》わせたくはなかったんだが、あのラプトルを捕《つか》まえるにはこれしかなくて……」

言葉《ことば》の途中《とちゅう》でクレアが突進《とっしん》していた。慌《あわ》ててオーウェンがクレアを止《と》めたが、クレアはそれでも鉄格子《てつごうし》からパンチを繰《く》り出《だ》した。

「やめとけ」

オーウェンがミルズに蔑《さげす》んだまなざしを向《む》けた。

「で、これが目的《もくてき》か？　あんたならガンを治《なお》すための財団《ざいだん》とかを興《おこ》すことができたはずだ。ところがどうだい、絶滅寸前《ぜつめつすんぜん》の恐竜《きょうりゅう》を密売《みつばい》してカネ儲《もう》けとは！」

「あの動物《どうぶつ》たちはどうせ死《し》ぬ運命《うんめい》にあったんだよ」

と、ミルズが反論《はんろん》する。

「だから、私《わたし》は彼《かれ》らの命《いのち》を救《すく》ったことになる」

これにはクレアが怒《いか》りを爆発《ばくはつ》させた。

「あなたは死期《しき》の迫《せま》った老人《ろうじん》を裏切《うらぎ》ったのよ！　おカネのために！」

ミルズの目《め》に冷《つめ》たい炎《ほのお》が灯《とも》った。鉄格子《てつごうし》にゆっくりと近《ちか》づく。

「クレア、恐竜《きょうりゅう》を利用《りよう》したのはお互《たが》いさまだ。認《みと》めるだけ、私《わたし》はまだ正直《しょうじき》だよ」

「私《わたし》は一度《いちど》も……」

クレアが反論《はんろん》しようとして、口《くち》をつぐんだ。ミルズが口《くち》を開《ひら》く。

「君《きみ》はインドミナス・レックスの創造《そうぞう》を許可《きょか》した。そして生《い》き物《もの》を檻《おり》に囲《かこ》って利用《りよう》した。カネのためにだ。私《わたし》とどこが違《ちが》う？」

ミルズはオーウェンへ向《む》き直《なお》って続《つづ》けた。「そしておまえも」——。

「ラプトルが命令《めいれい》に従《したが》うよう躾《しつ》けた。それがどんな結果《けっか》を生《う》むか想像《そうぞう》したことは？　訓練《くんれん》されたラプトルの価値《かち》は無限《むげん》だ。君《きみ》たちは、新世界《しんせかい》の生《う》みの親《おや》とでもいうべき存在《そんざい》だよ」

グイッ！　ミルズの顔《かお》が歪《ゆが》んだ。オーウェンが鉄格子《てつごうし》越《ご》しに、彼《かれ》の腕《うで》を捻《ひね》り上《あ》げたのだ。

ミルズはたまらずうめき声《ごえ》をあげる。制止《せいし》するウィートリーに構《かま》わず力《ちから》を込《こ》めた。

「腕《うで》をへし折《お》ってやる」

直後《ちょくご》に解放《かいほう》されほっとするミルズを、今度《こんど》はクレアが力《ちから》まかせに引《ひ》っ張《ぱ》って鉄格子《てつごうし》に打《う》ち付《つ》けた。ミルズはよろめき、後退《こうたい》した。出血《しゅっけつ》する唇《くちびる》を押《お》さえている。

「こいつらの始末《しまつ》はどうします？」

ウィートリーはバンダナをミルズに渡《わた》しながら尋《たず》ねた。

「なーに、２人《ふたり》はあの島《しま》で焼《や》け死《し》んだ、世間《せけん》にはそう思《おも》わせるさ。ここに置《お》いておけ」

ミルズが吐《は》き捨《す》てるように言《い》った。

第《だい》16章《しょう》　ロックウッドの最期《さいご》

「バイヤーたちのお越《こ》しだ。すげえ数《かず》だぜ」

ロックウッド邸《てい》を警備《けいび》する傭兵《ようへい》が無線《むせん》で仲間《なかま》に伝《つた》える。

メイジーはベッドルームの窓《まど》を開《あ》け、下枠《したわく》につかまって2階下《かいした》の地上《ちじょう》に目《め》をやった。

深呼吸《しんこきゅう》をして、石《いし》の水平《すいへい》のでっぱりに足《あし》を置《お》く。慎重《しんちょう》にそのでっぱりの上《うえ》を歩《ある》いていると、
メイジーは黒塗《くろぬ》りの高級車《こうきゅうしゃ》が邸宅《ていたく》へ次々《つぎつぎ》とやってくるのを見《み》た。

邸宅《ていたく》の車寄《くるまよ》せでは、ミルズとエヴァソールが立《た》ち、恐竜《きょうりゅう》オークションのために到着《とうちゃく》するバイヤーたちにあいさつをしている。

「こんばんは。ようこそみなさん。ようこそ」

すでにバイヤーたちとビジネスをしているエヴァソールは、石階段《いしかいだん》をフロントドアへ向《む》かい上《あ》がってくるそれぞれのバイヤーを見《み》ながら、彼《かれ》らの詳細《しょうさい》をミルズにささやいている。

「あちらはアルダリス製薬《せいやく》の開発部長《かいはつぶちょう》」

1人《ひとり》の男《おとこ》が通《とお》り過《す》ぎるのを見《み》ながら、エヴァソールが言《い》った。続々《ぞくぞく》とやってくるバイヤー

について も、

「あのヒゲの人物《じんぶつ》は、スロベニアの武器商人《ぶきしょうにん》、グレゴリー・アルドリッチの代理人《だいりにん》だ。それに馬商人《うましょうにん》たちのランド・マグナム、ヒューストンの石油王《せきゆおう》」

「彼《かれ》らの関心《かんしん》は？」

ミルズが尋《たず》ねた。実際《じっさい》、今日《きょう》は馬《うま》など売《う》っていない。

「非常《ひじょう》に個人的《こじんてき》なものだ。子供《こども》が赤《あか》ん坊《ぼう》のトリケラトプスを欲《ほ》しがっていてね」

エヴァソールは言葉《ことば》の途中《とちゅう》でその馬仕入《うましい》れ人《にん》と握手《あくしゅ》をし、「グレン、ジャネットは元気《げんき》かい？」などとフレンドリーなあいさつをしている。

誰《だれ》かがクルマのドアを勢《いきお》いよく閉《し》めた。その上《うえ》のでっぱりをカニ歩《ある》きしていたメイジーが驚《おどろ》き、思《おも》わず足《あし》を滑《すべ》らせた！

壁《かべ》につかまり、なんとか落《お》ちずに済《す》んだ。しかしポケットに入《い》れていた小《ちい》さなT《ティー》レックスのプラスチック製《せい》のおもちゃが落《お》ちて、下《した》の敷石《しきいし》の上《うえ》を跳《は》ね、転《ころ》がった。

一方《いっぽう》で、エヴァソールはロシアのマフィアを脇《わき》に呼《よ》び、ヒソヒソ話《ばなし》の最中《さいちゅう》だった。

「いいかい、もし欲《ほ》しいものが手《て》に入《はい》らなかったら、後《あと》で私《わたし》に会《あ》いに来《こ》い。後《うし》ろから手《て》をまわしてやるから」

それからロシア語《ご》で、

「アントン、おまえが何《なに》を欲《ほ》しいのか、知《し》っているよ」

「あんたは一度《いちど》だっておれをがっかりさせたことがない！　さあ、楽《たの》しもうぜ！」

アントンがロシア語《ご》で答《こた》え、邸宅《ていたく》へ入《はい》っていった。エヴァソールがミルズに向《む》き直《なお》る。

「あいつは肉食恐竜《にくしょくきょうりゅう》だけに興味《きょうみ》がある。２頭《とうほ》欲しがっているようだ」

「なぜ？」

ミルズが聞《き》いた。

「ケージマッチだよ。檻《おり》に入《い》れて、闘《たたか》わせるんだ。会場《かいじょう》では1席《せき》が５０００ドル（約《やく》55万《まん》円《えん》）、テレビ中継《ちゅうけい》のペイ・パー・ビューの大金《たいきん》も入《はい》る」

ミルズがそのとき自分《じぶん》の足元《あしもと》にメイジーのプラスチック製恐竜《せいきょうりゅう》が落《お》ちていることに気《き》づいた。邸宅《ていたく》の彼女《かのじょ》の部屋《へや》を見上《みあ》げるが、何《なに》も変《か》わったものは見《み》えない。

「みんな食欲旺盛《しょくよくおうせい》だ」

と、エヴァソールがバイヤーたちの購買意欲《こうばいいよく》の高《たか》さを喜《よろこ》んだ。

「ロックウッドにとっても、楽《たの》しい夜《よる》になりそうだ。彼《かれ》も後《あと》で顔《かお》を出《だ》すだろ？」

「残念《ざんねん》ですが……」

ミルズは答《こた》え、腕時計《うでどけい》を見《み》た。始《はじ》まる前《まえ》に、息《いき》を止《と》めているかどうか、念《ねん》には念《ねん》を入《い》れ、確認《かくにん》をしたほうがよさそうだった。

「失礼《しつれい》」

ミルズは言《い》って建物《たてもの》の中《なか》へ入《はい》った。

一方《いっぽう》、メイジーは屋根《やね》へと続《つづ》く石壁《いしかべ》につかまっていた。小走《こばし》りで近《ちか》づいたのは、ロックウッドの部屋《へや》の窓《まど》だった。

窓越《まどご》しに、ロックウッドが大《おお》きな四柱式《しちゅうしき》ベッドで寝《ね》ているのが見《み》える。メイジーは窓《まど》を上《あ》げ、身体《からだ》をねじこみ、部屋《へや》の床《ゆか》へ転《ころ》がり落《お》ちた。立《た》ち上《あ》がるとすぐにベッドサイドへ駆《か》け寄《よ》った。

「おじいさま？　おじいさま？　おじいさま起《お》きて！　おじいさま！」

メイジーが叫《さけ》ぶが、反応《はんのう》がない。

「おじいさま、起《お》きてよ！」

メイジーが嘆願《たんがん》した。メイジーが腕《うで》を揺《ゆ》すっても、ロックウッドは動《うご》かない。

メイジーはぼうぜんとたたずんだ。何《なに》をしたらいいのか、どこへ行《い》ったらいいのかもわからない。1人《ひとり》で何《なに》ができるというのか。

ギシ、ギシッ……。

メイジーは廊下《ろうか》から足音《あしおと》を聞《き》いた。かなり近《ちか》い。

すぐに、さっき入《はい》ってきた、部屋《へや》の反対側《はんたいがわ》にある開《あ》けっぱなしの窓《まど》を見《み》た。距離《きょり》を考《かんが》えると、廊下《ろうか》の誰《だれ》かが入《はい》ってくる前《まえ》に窓《まど》から出《で》る時間《じかん》はない。そうしているあいだに、ドアノブがゆっくりと動《うご》き出《だ》した。

メイジーはとっさにロックウッドが抱《かか》えていたアルバムから写真《しゃしん》を1枚《まい》抜《ぬ》き取《と》ると、ベッド横《よこ》の壁《かべ》にある料理運搬用《りょうりうんぱんよう》リフトに駆《か》け寄《よ》った。なんとか中《なか》へ入《はい》り込《こ》み、ドアをスライドして閉《と》じた。ちょうど誰《だれ》かが部屋《へや》に入《はい》ってくる直前《ちょくぜん》だった。

リフトのドアの小《ちい》さな隙間《すきま》からのぞくと、ミルズが立《た》っていた。

ミルズはロックウッドの身体《からだ》を見回《みまわ》し、老人《ろうじん》が絶命《ぜつめい》していることを確信《かくしん》した。それからベッド脇《わき》の医療機器《いりょうきき》へ手《て》を伸《の》ばし、スイッチを押《お》した。装置《そうち》がよみがえった。モニターが灯《とも》り、心拍《しんぱく》モニターに映《うつ》る線《せん》はフラット……つまり、心臓《しんぞう》が動《うご》いていないことを示《しめ》していた。

それから執事《しつじ》のアイリスを呼《よ》びつけ、厳《おごそ》かに悲報《ひほう》を告《つ》げた。

「アイリス……亡《な》くなられた。残念《ざんねん》だよ。ロックウッド氏《し》が逝《い》った今《いま》、君《きみ》も新《あら》たな職《しょく》を探《さが》さないと」

「いいえ、メイジーのお世話《せわ》を……」

突然《とつぜん》の解雇通達《かいこつうたつ》にアイリスが必死《ひっし》に抵抗《ていこう》するが、ミルズは認《みと》めない。

「これからは私《わたし》が世話《せわ》をする。もう君《きみ》の手《て》は必要《ひつよう》ない」

「私《わたし》が育《そだ》てました。お2人《ふたり》ともこの私《わたし》が……どうかミルズさま……」

ミルズがさえぎるように、

「さよならだ、アイリス」

そのときミルズは部屋《へや》の中《なか》で物音《ものおと》を聞《き》いた気《き》がした。耳《みみ》を向《む》け、気配《けはい》を探《さぐ》った。

リフトの中《なか》では、メイジーが若《わか》い頃《ころ》のアイリスと自分《じぶん》そっくりの少女《しょうじょ》がほほ笑《え》む写真《しゃしん》を見《み》て驚愕《きょうがく》している。

(これは……誰《だれ》？　私《わたし》？)

やがて、ミルズは物音《ものおと》がする方向《ほうこう》へ足《あし》を向《む》け、歩《ある》き出《だ》した。その方向《ほうこう》に見《み》えるのは、料理《りょうり》運搬用《うんぱんよう》の小型《こがた》リフトだけだった。

ミルズはスライド式《しき》ドアのノブに手《て》をかけた。

開《あ》けてみれば、そこは空《から》っぽだった。

第《だい》17章《しょう》 禁断《きんだん》のオークション

恐竜抑留房《きょうりゅうよくりゅうぼう》で、オーウェンはいつも持《も》ち歩《ある》いているスイス・アーミーナイフを片手《かたて》に、なかなか開《あ》かない鍵《かぎ》と格闘《かくとう》していた。いくら頑張《がんば》っても、施錠《せじょう》を解《と》くことができない。

クレアのほうはオーウェンの背中越《せなかご》しに、他《ほか》の房《ぼう》に拘留《こうりゅう》された恐竜《きょうりゅう》たちを見《み》ていた。アロサウルスはゆっくり立《た》ち上《あ》がるが、コンクリートの天井《てんじょう》が邪魔《じゃま》して本来《ほんらい》の高《たか》さに頭《あたま》や体《からだ》を持《も》ち上《あ》げることができずにいる。窮屈《きゅうくつ》そうにしているが、クレアにはその美《うつく》しく、威厳《いげん》のある姿《すがた》が印象的《いんしょうてき》だった。

「初《はじ》めて恐竜《きょうりゅう》を見《み》たときのこと、覚《おぼ》えている？」

クレアが尋《たず》ねた。オーウェンは鍵《かぎ》をこじ開《あ》けている手《て》を一瞬《いっしゅん》止《と》めた。オーウェンは答《こた》えなかったが、その横顔《よこがお》からクレアは彼《かれ》が覚《おぼ》えていると確信《かくしん》した。

「初《はじ》めて見《み》たときは、まさに奇跡《きせき》としか。本《ほん》で読《よ》んだり、博物館《はくぶつかん》で骨《ほね》を見《み》たりしてきたけど、現実《げんじつ》とは思《おも》えなかった。神話《しんわ》そのもの。恐竜《きょうりゅう》たちが本当《ほんとう》に存在《そんざい》していたとは、信《しん》じられないはずよ。そして最初《さいしょ》の生《い》きた恐竜《きょうりゅう》を目《ま》の当《あ》たりにするの。相手《あいて》は動《うご》いて、こちらを見返《みかえ》してくる。息《いき》をのむ瞬間《しゅんかん》よ。私《わたし》はただそのときの感覚《かんかく》をもっと多《おお》くの人《ひと》に味《あじ》わってもらいたかった。それがこんなことに……」

「わかってるよ」

オーウェンが口《くち》を挟《はさ》んだ。

「君《きみ》のせいじゃない」

「でも、実際《じっさい》はそうなのよ」

「違《ちが》う、おれの責任《せきにん》だ。おれが道《みち》をつけた。ラプトルをトレーニングした」

クレアがオーウェンを見《み》つめた。

「もういい。よそう。その件《けん》については後《あと》でゆっくり話《はな》そう。時間《じかん》はたっぷりある」

「後《あと》があればね」

クレアが当然《とうぜん》のような口調《くちょう》で言《い》った。

「もちろんあるとも」

と、オーウェンが自信《じしん》ありげに答《こた》えた。

「山小屋《やまごや》も、まだつくりかけだし」

クレアがほほ笑《え》んだ。

「ハンモックはある？　私《わたし》、ハンモックが大好《だいす》きなの」

「ごめん、ハンモックは犬用《いぬよう》なんだ。でも、２つ目《め》の購入《こうにゅう》をなんとか考《かんが》えてみる」

そのとき隣《となり》の房《ぼう》から大《おお》きな、低《ひく》い唸《うな》り声《ごえ》があがった。

オオオ～～～ロロ～～～！

「何《なに》がいるの？」

クレアが尋《たず》ねた。

オオオオオ～～～ロロロ～～～～～！!

オーウェンは鍵《かぎ》との格闘《かくとう》を中断《ちゅうだん》し、唸《うな》り声《ごえ》が聞《き》こえてくるほうの壁《かべ》に近《ちか》づいた。見上《みあ》げると、隣《となり》の房《ぼう》とのあいだに小《ちい》さな窓《まど》があって、鉄格子《てつごうし》がはまっていた。オーウェンはジャンプして鉄格子《てつごうし》につかまった。腕《うで》の力《ちから》とつま先《さき》で頭《あたま》を窓《まど》まで持《も》ち上《あ》げる。

隣《となり》の房《ぼう》はこちらとまったく同《おな》じ大《おお》きさ、雰囲気《ふんいき》だった。ただ床《ゆか》に藁《わら》が敷《し》き詰《つ》められ、ニンジン、その他《ほか》の野菜《やさい》が入《はい》った桶《おけ》があった。房《ぼう》の恐竜《きょうりゅう》は食《た》べ物《もの》を無視《むし》して、前後《ぜんご》に体《からだ》をゆさぶり、怒《おこ》ったように激《はげ》しく呼吸《こきゅう》をしていた。

「いいヤツが隣《となり》にいてくれた」

オーウェンが振《ふ》り返《かえ》り言《い》った。

スティギモロク……。牛《うし》くらいの大《おお》きさの草食恐竜《そうしょくきょうりゅう》だ。鼻《はな》の周《まわ》りに鋭《するど》いトゲがあり、頭《あたま》の上《うえ》には角《つの》も生《は》えている。しかし何《なに》より特徴的《とくちょうてき》なのは、目《め》の上《うえ》にせりあがった巨大《きょだい》な頭骨《とうこつ》。ドームのように丸《まる》く、はげたおじさんの頭《あたま》にも見《み》える。オーウェンは、その頭骨《とうこつ》の厚《あつ》さが最大《さいだい》23センチもあることを知《し》っていた。スティギモロクは、敵《てき》の体《からだ》にその硬《かた》く大《おお》きな頭《あたま》で体当《たいあ》たりし、身《み》を守《まも》るのだ。

その特徴《とくちょう》が、オーウェンにあるアイデアをひらめかせた。

オーウェンは鉄格子《てつごうし》から手《て》を放《はな》し、フロアに降《お》りると、クレアに笑《え》みを見《み》せて言《い》った。

「ここから出《で》られそうだ」

オーウェンはそう言《い》って、口笛《くちぶえ》を吹《ふ》いた。スティギモロクは高《たか》い周波数《しゅうはすう》の音《おと》が苦手《にがて》だった。

オーウェンが続《つづ》けると、案《あん》の定《じょう》こちらの壁《かべ》をそのドーム頭《あたま》で叩《たた》きはじめた。

ドスン、ドスン！

「何《なに》をしているの？」

クレアが、口笛《くちぶえ》を吹《ふ》くオーウェンをいぶかしげに見《み》ながら聞《き》いた。

「だから脱出《だっしゅつ》だよ」

オーウェンが説明《せつめい》した。

再《ふた》び口笛《くちぶえ》を吹《ふ》くと、スティギモロクが勢《いきお》いよく壁《かべ》に体当《たいあ》たりした。ドス〜〜〜ン！

クレアがまだ信《しん》じられない様子《ようす》でオーウェンを見《み》つめているあいだに、その近《ちか》くに広《ひろ》がる、同《おな》じ邸宅《ていたく》ながら、まったく雰囲気《ふんいき》の違《ちが》う豪勢《ごうせい》な雰囲気《ふんいき》の地下《ちか》ガレージでは、金持《かねも》ちのバイヤーたちを集《あつ》め、恐竜《きょうりゅう》オークションが始《はじ》まろうとしていた。

エヴァソールが立《た》つのは大《おお》きなコンクリート製《せい》のプラットホーム。そこにはレールが敷《し》かれている。レールが向《む》かう先《さき》は、幅《はば》の広《ひろ》い、大《おお》きな鉄製《てっせい》のドアだった。

「みなさん、今夜《こんや》は特別《とくべつ》の催《もよお》しにようこそお集《あつ》まりいただきました」

とエヴァソールがマイクに話《はな》しかけた。

「撮影《さつえい》は厳禁《げんきん》です。返品《へんぴん》もご遠慮《えんりょ》ください。それでは早速《さっそく》、最初《さいしょ》の競《せ》りから始《はじ》めましょう！」

ステージ後《うし》ろの、幅広《はばひろ》い大《おお》きな鉄製《てっせい》ドアが上《うえ》へ開《ひら》いた。そこには檻《おり》があり、中《なか》にアンキロサウルスが入《はい》っていた。

「白亜紀後期《はくあきこうき》。草食性《そうしょくせい》の四足獣《よんそくじゅう》で、全身《ぜんしん》が鎧《よろい》のような硬《かた》い皮膚《ひふ》に覆《おお》われており、古生物学者《こせいぶつがくしゃ》のあいだでは生《い》きた戦車《せんしゃ》と言《い》われています」

オークション会場《かいじょう》が一気《いっき》に色《いろ》めき立《た》つ。

「400万《まん》ドル（約《やく》4億円《おくえん》）からスタート！　400万《まん》ドルが出《で》ました。500万《まん》ドルは？500万《まん》ドル出《で》ました。600万《まん》ドルは？」

エヴァソールがアナウンスした。

数秒《すうびょう》のあいだに価格《かかく》は800万《まん》ドル（約《やく》9億円《おくえん》）まで跳《は》ね上《あ》がった。それでもバイヤーたちは入札《にゅうさつ》をやめない。エヴァソールの目《め》が輝《かがや》いた。近《ちか》くでミルズが自分《じぶん》のコンピューター画面《めん》に映《うつ》る入札金額《にゅうさつきんがく》を興奮《こうふん》しながら見守《みまも》っている。

ドン！　エヴァソールが木《き》づちを叩《たた》いた。競《せ》りの終了《しゅうりょう》だ。

「インドネシアの紳士《しんし》が1100万《まん》ドル（約《やく》12億円《おくえん》）でお買《か》い上《あ》げ」

傭兵《ようへい》がレバーを引《ひ》き、アンキロサウルスの檻《おり》が部屋《へや》から下《さ》がっていく。外《そと》の積載《せきさい》ドックで、その檻《おり》が1台《だい》のトラックに積《つ》み込《こ》まれた。男《おとこ》が後部《こうぶ》ドアを閉《し》め、施錠《せじょう》した。トラックが走《はし》り出《だ》し、夜陰《やいん》に消《き》えていった。

オークション会場《かいじょう》に次《つぎ》の檻《おり》が運《はこ》び込《こ》まれた。入《はい》っているのは若《わか》いアロサウルスだ。

ミルズとエヴァソールは同《おな》じ400万《まん》ドルから始《はじ》めようと思《おも》っていたが、アンキロサウルスの競《せ》りが2人《ふたり》の考《かんが》えを変《か》えた。

「獰猛《どうもう》な肉食恐竜《にくしょくきょうりゅう》です。800万《まん》ドルから始《はじ》めます」

と、エヴァソールが躊躇《ちゅうちょ》なく声《こえ》を上《あ》げた。するとほぼ同時《どうじ》に入札価格《にゅうさつかかく》が１０００万《まん》ドル（約《やく》11億円《おくえん》）、１１００万《まん》ドル、１２００万《まん》ドル（約《やく》13億円《おくえん》）と上昇《じょうしょう》した。あちこちでどよめきが起《お》こる。会場《かいじょう》の熱気《ねっき》も爆発《ばくはつ》しそうなほどあがっていった。

ド～～～～～～～ン！

スティギモロクがその硬《かた》い頭骨《とうこつ》をコンクリート壁《へき》へ叩《たた》きつけた。天井《てんじょう》から埃《ほこり》がパラパラと落《お》ちてくる。もう少《すこ》しで壁《かべ》に穴《あな》が開《あ》きそうだ。

「下《さ》がっていて」

オーウェンがクレアに注意《ちゅうい》した。クレアは舌《した》を鳴《な》らす。

「言《い》われなくてもするわよ」

うなずいたオーウェンが口笛《くちぶえ》を再《ふたた》び吹《ふ》いた。グォオオォン！ 埃《ほこり》や土煙《つちけむり》とともにスティギモロクがオーウェンたちの房《ぼう》へ入《はい》ってきた。恐竜《きょうりゅう》は方向感覚《ほうこうかんかく》を失《うしな》い、埃《ほこり》でむせ込《こ》んでいる。

しかしすぐに臨戦態勢《りんせんたいせい》に戻《もど》った。目《め》はクレアを見《み》ている。彼女《かのじょ》は壁《かべ》に背中《せなか》をつけていた。逃《に》げ場《ば》はない。角《つの》の生《は》えた大《おお》きなはげ頭《あたま》が彼女《かのじょ》に向《む》けられた。

「ああ、オ、オーウェン！」

オーウェンがもう一度《いちど》口笛《くちぶえ》を吹《ふ》くと、スティギモロクが回転《かいてん》して目標《もくひょう》を変《か》えた。オーウェンは施錠《せじょう》されたドアの前《まえ》に立《た》っている。そこにスティギモロクが突進《とっしん》した。オーウェンは鉄《てつ》格子《ごうし》を握《にぎ》り、ぎりぎりのところまで待《ま》って身体《からだ》を持《も》ち上《あ》げた。

ガタ〜〜〜ン！　と激《はげ》しい衝撃音《しょうげきおん》がとどろき、スティギモロクが房《ぼう》の外《そと》へ飛《と》び出《だ》し、さらに勢《いきお》い余《あま》って通路《つうろ》の鉄柱《てっちゅう》に頭《あたま》を叩《たた》きつけた。

スティギモロクは自分《じぶん》が自由《じゆう》の身《み》になったことに気《き》づいて頭《あたま》を振《ふ》ると鼻《はな》を鳴《な》らした。それに呼応《こおう》して他《ほか》の恐竜《きょうりゅう》たちが吠《ほ》えた。スティギモロクは通路《つうろ》を走《はし》りだし、角《かど》を曲《ま》がって見《み》えなくなった。

「礼《れい》はいらないよ」

オーウェンがスティギモロクに声《こえ》をあげた。すると遠《とお》くからスティギモロクが再《ふたた》び鼻《はな》を鳴《な》らした。

クレアとオーウェンは急《いそ》いで房《ぼう》を出《で》ると、通路《つうろ》を走《はし》り出《だ》した。暗《くら》い通路《つうろ》を抜《ぬ》け、その先《さき》でクレアが何《なに》か動《うご》くものを見《み》つけて足《あし》を止《と》めた。

料理《りょうり》運搬用《うんぱんよう》の小型《こがた》リフトだった。その扉《とびら》がわずかに開《あ》いていた。クレアがそっと開《あ》けると、中《なか》に少女《しょうじょ》がひざを抱《だ》いて、泣《な》きながら座《すわ》っていた。

「ロックウッドさんの孫娘《まごむすめ》だわ」

クレアがオーウェンに言《い》った。

「やあ、お嬢《じょう》ちゃん」

オーウェンがメイジーに優《やさ》しく語《かた》りかけた。

「そこから出《で》ておいで」

メイジーが首《くび》を横《よこ》に振《ふ》るのを見《み》て、クレアが腰《こし》を下《お》ろし、少女《しょうじょ》と同《おな》じ目《め》の高《たか》さで言《い》った。

「私《わたし》を覚《おぼ》えてる？　私《わたし》はクレア」

メイジーがうなずく。

「あなたの名前《なまえ》は？」

「メイジー。メイジー・ロックウッド」

「メイジー、彼《かれ》はお友《とも》だちのオーウェンよ」

「ヴェロキラプトルと一緒《いっしょ》のビデオを観《み》たわ。ブルーって名前《なまえ》の……」

「ホントかい？　恐竜《きょうりゅう》は好《す》きかな？　僕《ぼく》も大好《だいす》きだ」

オーウェンが尋《たず》ねると少女《しょうじょ》はうなずく。

「そこから降《お》りてこないか？　ブルーのこと、もっといろいろ知《し》りたいだろ？　教《おし》えてあげる。よーし、それじゃ降《お》りといで」

メイジーが小型《こがた》リフトから慎重《しんちょう》に降《お》りはじめた。

「いい子《こ》ね。あなたのおじいさまに用《よう》があるの。案内《あんない》してくれない？」

クレアがお願《ねが》いするが、少女《しょうじょ》は「ダメ」と泣《な》きじゃくる。

その小柄《こがら》で幼《おさな》い姿《すがた》をあらためて見《み》て、オーウェンが感心《かんしん》した。

「ここまで1人《ひとり》で降《お》りてきたんだろ？　勇気《ゆうき》がある。友《とも》だちになりたいな」

メイジーは頭《あたま》を振《ふ》り、また泣《な》き出《だ》してしまった。

「おじいさま、死《し》んじゃったの」

そして突然《とつぜん》オーウェンの腕《うで》にしがみつき、オーウェンを必死《ひっし》に抱《だ》きしめた。驚《おどろ》いたオーウエンは彼女《かのじょ》を抱《だ》き寄《よ》せ、

「もう大丈夫《だいじょうぶ》だ。心配《しんぱい》しないで……」

クレアはオーウェンがメイジーを抱《だ》きしめるところを見《み》ながら、彼《かれ》のそんな優《やさ》しい部分《ぶぶん》が好《す》きなことを、あらためて感《かん》じた。

「メイジー聞《き》いてくれ。これから友《とも》だちを探《さが》す。見《み》つけたらここから出《で》ていくが、一緒《いっしょ》に来《く》るかい？」

オーウェンが尋《たず》ねると、メイジーは力強《ちからづよ》くうなずいた。

ガレージでは、オークションがすでに何百万《なんびゃくまん》ドルもの売《う》り上《あ》げを記録《きろく》していた。エヴァソールとミルズは興奮《こうふん》の絶頂《ぜっちょう》にいた。逆《ぎゃく》にウー博士《はかせ》は気《き》に入《い》らない様子《ようす》で見守《みまも》っていた。ステゴサウルスが2100万《まん》ドル（約《やく》23億円《おくえん》）で競《せ》りに出《だ》されていた。

そのすぐ上《うえ》では、オーウェンとクレアが、配線《はいせん》だらけの狭《せま》い作業用《さぎょうよう》トンネルを、メイジーを連《つ》れて移動《いどう》していた。エヴァソールの声《こえ》がする方向《ほうこう》へ導《みちび》かれ、ようやく壁《かべ》についた格子《こうし》を見《み》つけた。

格子《こうし》を透《す》かして、下《した》のガレージで行《おこな》われていることがすべて見渡《みわた》せた。檻《おり》に入《い》れられたステゴサウルスがステージから下《さ》げられようとしている。オーウェンはそれが運《はこ》ばれる先《さき》を確《たし》かめようと窓《まど》へ走《はし》った。

檻《おり》はトラックに載《の》せられた後《あと》、邸宅《ていたく》を後《あと》にした。

「恐竜《きょうりゅう》がいったん運《はこ》び出《だ》されたら、追跡《ついせき》する手段《しゅだん》はない」

オーウェンが言《い》うと、メイジーが共感《きょうかん》して口《くち》を開《ひら》いた。

「恐竜《きょうりゅう》たちを助《たす》けないと」

オーウェンたちはオークションが見下《みお》ろせる場所《ばしょ》へ戻《もど》った。エヴァソールがしゃべっているのが聞《き》こえる。

「さて、お集《あつ》まりのみなさん。今夜《こんや》の競《せ》りも半《なか》ばに達《たっ》しました。さあ、次《つぎ》は目《め》の肥《こ》えたお客《きゃく》様方《さまがた》に、特別《とくべつ》の逸品《いっぴん》をお目《め》にかけましょう。鋭意開発《えいいかいはつ》に取《と》り組《く》み、ようやく完成《かんせい》にこぎつけた代物《しろもの》です。過去《かこ》のかけらから生《う》まれた、未来《みらい》の超生物《ちょうせいぶつ》です！」

抑留房《よくりゅうぼう》から檻《おり》がガレージへ上《あ》がると、中《なか》にいる恐竜《きょうりゅう》が背後《はいご》からの照明《しょうめい》で不気味《ぶきみ》に浮《う》かび上《あ》がった。バイヤーたちはそのいかにも力強《ちからづよ》いシルエットを見《み》て、固唾《かたず》をのんだ。

「あらかじめ警告申《けいこくもう》し上《あ》げておきます。かつて地球上《ちきゅうじょう》に出現《しゅつげん》した最《もっと》も危険《きけん》な生物《せいぶつ》2種《しゅ》の完璧《かんぺき》な融合体《ゆうごうたい》。その名《な》も……インドラプトルであります！」

檻《おり》が会場《かいじょう》の照明《しょうめい》に照《て》らされた。

「現代《げんだい》に生《い》きる完璧《かんぺき》な兵器《へいき》です。その戦闘力《せんとうりょく》は、どんなに鍛《きた》え上《あ》げた人間《にんげん》の兵士《へいし》も足元《あしもと》にも及《およ》ばない」

インドラプトルの全容《ぜんよう》を目《め》にしたバイヤーたちが、どよめいている。

「おい見《み》ろ！」「すごい！」「あの牙《きば》！」

驚《おどろ》きと興奮《こうふん》の声《こえ》。それを感《かん》じた檻《おり》の恐竜《きょうりゅう》が、トラのように落《お》ち着《つ》きをなくして左右《さゆう》に首《くび》を振《ふ》り、唸《うな》り、檻《おり》の中《なか》を前後《ぜんご》に動《うご》き続《つづ》けた。観衆《かんしゅう》の男《おとこ》たちと目《め》が合《あ》うと、インドラプトルはさらに興奮《こうふん》していった。

その上《うえ》では、オーウェン、クレア、メイジーが格子《こうし》越《ご》しに見《み》て驚《おどろ》きに言葉《ことば》を失《うしな》っていた。

「なんなのあれ？」

クレアがつぶやくと、メイジーが、

「彼《かれ》らがつくったの。ミルズさんともう1人《ひとり》」

「もう1人《ひとり》って？」

クレアの問《と》いに少女《しょうじょ》は「あの人《ひと》」と下《した》を指《ゆび》さす。クレアがその指先《ゆびさき》を目《め》で追《お》うと、ヘンリー・ウー博士《はかせ》が見《み》えた。

その前《まえ》でインドラプトルがシャーッと音《おと》をたてた。観衆《かんしゅう》が興奮《こうふん》してざわめいた。エヴァソールが片手《かたて》をあげ、静粛《せいしゅく》にするようジェスチャーをした。

「ヘンリー・ウー博士《はかせ》によってつくられたこの新種《しんしゅ》は、ヴェロキラプトルに匹敵《ひってき》する知性《ちせい》を持《も》ち、身体能力的《しんたいのうりょくてき》には嗅覚《きゅうかく》の高度《こうど》な進化《しんか》だけでなく、訓練《くんれん》によってパルスレーザー・ターゲットシステムにも対応《たいおう》できます。複雑《ふくざつ》な環境下《かんきょうか》でも獲物《えもの》を選別《せんべつ》、特定《とくてい》して攻撃《こうげき》できるのです。

ご覧《らん》ください」

エヴァソールがライフルを持《も》った傭兵《ようへい》に合図《あいず》した。

「まず、レーザーがターゲットを捉《とら》えます」

傭兵《ようへい》はライフルを掲《かか》げ、レーザーポインターを起動《きどう》。ビームが出《で》ると、それを客席《きゃくせき》のバイヤーへ当《あ》てた。

「ロックオンされると、音響信号《おんきょうしんごう》で攻撃《こうげき》スイッチが入《はい》ります」

檻《おり》の中《なか》ではインドラプトルがすぐに反応《はんのう》し、そのバイヤーに攻撃的《こうげきてき》な視線《しせん》を集中《しゅうちゅう》させた。

バイヤーがエヴァソールに困惑《こんわく》と不安《ふあん》の入《い》り交《ま》じった目《め》を向《む》けている。

すると突然《とつぜん》、インドラプトルがバイヤーの方《ほう》へはねた。幸《さいわ》いなことに、檻《おり》は頑丈《がんじょう》にできていた。捕食者《ほしょくしゃ》は悔《くや》しそうに鉄格子《てつごうし》に爪《つめ》をたてている。

「驚《おどろ》いた」「死《し》ぬかと思《おも》った」「なんてこった」「すごいな……」

バイヤーたちは口々《くちぐち》に驚嘆《きょうたん》の声《こえ》をあげている。

「性質《せいしつ》は獰猛《どうもう》にして残忍《ざんにん》。現在《げんざい》、より利用価値《りようかち》を高《たか》めるための改良《かいりょう》が進《すす》んで……」

エヴァソールがそう言《い》ったとき、ロシア人《じん》マフィアのアントンが叫《さけ》んだ。

「２０００万《まん》ドル（約《やく》22億円《おくえん》）！」

エヴァソールが驚《おどろ》いて息《いき》をのんだ。言葉《ことば》を失《うしな》ったままミルズを振《ふ》り返《かえ》る。まるで「このまま進《すす》めるか？」と聞《き》くような目《め》つきに、ミルズが慌《あわ》ててうなずき返《かえ》した。

傭兵《ようへい》がレーザー照準《しょうじゅん》を消《け》し、インドラプトルが冷静《れいせい》さを取《と》り戻《もど》した。

「ああ、これはまだ試作《しさく》の段階《だんかい》で、売《う》り物《もの》ではありません」

だが、もったいぶったエヴァソールの声《こえ》をかき消《け》すように競《せ》りは勢《いきお》いを増《ま》す。

「2100万《まん》ドル（約《やく》23億円《おくえん》）！」

「ですから、まだ試作品《しさくひん》ですから販売《はんばい》には……」

エヴァソールが再度否定《さいどひてい》してみせたが、競《せ》りはおさまるどころか、暴騰《ぼうとう》の一途《いっと》をたどる。

「2200万《まん》ドル（約《やく》24億円《おくえん》）」

「2300万《まん》ドル（約《やく》25億円《おくえん》）」

「2400万《まん》ドル（約《やく》26億円《おくえん》）」

アントンが慌《あわ》てて声《こえ》を張《は》り上《あ》げる。「2500万《まん》ドル（約《やく》27億円《おくえん》）だ！」

だが、すぐにそれを上回《うわまわ》る声《こえ》が、他《ほか》のバイヤーからあがった。

上《うえ》でその様子《ようす》を見《み》ていたオーウェンは、すっかり嫌気《いやけ》がさしていた。なんとかしなければ。

「すぐに戻《もど》るから、ここにいるんだ」

オーウェンが言《い》うと、クレアは、

「何《なに》をしようというの？」

「そんなことわかるかよ」

オーウェンの本音《ほんね》だった。彼《かれ》はメイジーの手《て》をクレアに握《にぎ》らせた。少女《しょうじょ》が怖《こわ》がっているのがわかる。オーウェンはメイジーに約束《やくそく》した。

「誰《だれ》にも君《きみ》に指一本《ゆびいっぽん》触《ふ》れさせないよ、わかったかい？」

メイジーがうなずくのを見《み》て、オーウェンは通路《つうろ》を途中《とちゅう》まで行《い》くと、肩越《かたご》しに少女《しょうじょ》を振《ふ》り返《かえ》った。

「彼女《かのじょ》にはこれを見《み》せないほうがいい」

メイジーが再《ふたた》びうなずき、その小《ちい》さな手《て》をクレアの両目《りょうめ》にあてがった。

会場《かいじょう》では、競売《きょうばい》がヒートアップしていた。インドラプトルが興奮《こうふん》するバイヤーたちに敵意《てきい》のまなざしを向《む》けた。

「2900万《まん》ドル（約《やく》32億円《おくえん》）の声《こえ》がかかりました。その上《うえ》は？」

エヴァソールが、落札価格《らくさつかかく》をさらに吊《つ》り上《あ》げようと声《こえ》を張《は》り上《あ》げる。

ミルズはパソコンで入札価格《にゅうさつかかく》をフォローしていた。そこにウーが怒《おこ》った顔《かお》でやってきた。

「何《なに》をやってる。あれは売《う》り物《もの》じゃない！」

「オークションには目玉商品《めだましょうひん》が必要《ひつよう》だ」

ミルズの言《い》い方《かた》にウーが切《き》れた。

「あれはまだ完成《かんせい》していないんだ！　プロトタイプなんだぞ！」

「その試作品《しさくひん》に２９００万《まん》ドルの値《ね》がついているんだ。２９００万《まん》ドルだぞ？」

ミルズが指《ゆび》さした。

「現時点《げんじてん》ではね」

怒《いか》りが収《おさ》まらないウーをミルズはなだめ、

「落《お》ち着《つ》け。まだまだ上《あ》がる」

「あとは知《し》らんぞ」

ウーが言《い》って興奮《こうふん》するバイヤーたちに顎《あご》をしゃくった。ミルズの目《め》には、彼《かれ》らは人間《にんげん》というより、お金《かね》にしか見《み》えていなかった。

ミルズがウーを暗《くら》い目《め》つきで見《み》た。反論《はんろん》は却下《きゃっか》、という意味《いみ》だ。ウーが爆発《ばくはつ》したように出《で》ていった。

インドラプトルの入札価格《にゅうさつかかく》はついに３２００万《まん》ドル（約《やく》35億円《おくえん》）まで上《あ》がり、さらに上《あ》がり続《つづ》けていた。

一方《いっぽう》、地下《ちか》の通路《つうろ》では、オーウェンがオークションを邪魔《じゃま》する方法《ほうほう》を探《さが》していた。ヒューズボックスを見《み》つけてカバーを開《あ》けてみたが、どうすればいいのか迷《まよ》っている。

そのとき物音《ものおと》がして、通路奥《つうろおく》のエレベータードアが開《あ》いた。ところが中《なか》には誰《だれ》もいない。

するとオーウェンはすぐ後《うし》ろで聞《き》き覚《おぼ》えのある鳴《な》き声《ごえ》を聞《き》いた。通路《つうろ》の奥《おく》に、スティギモロクがいた。スチームパイプに激突《げきとつ》したらしく、方向感覚《ほうこうかんかく》を失《うしな》ったうえに、慣《な》れない環境《かんきょう》に置《お》かれて興奮《こうふん》しているようだった。

オーウェンは、スティギモロクと無人《むじん》のエレベーターを見比《みくら》べているうちに、いいアイデアがひらめいた。

「やぁ親友《しんゆう》、まだ頭《あたま》にきているんだろう？」

オーウェンがスティギモロクに話《はな》しかけた。

「おまえのその頭《あたま》をまた使《つか》うってのは、どうだい？」

第《だい》18章《しょう》　混乱《こんらん》の逃走劇《とうそうげき》

「3700万《まん》ドル（約《やく》40億円《おくえん》）！」

アントンが叫《さけ》んだ。合《あ》わせるようにインドラプトルが咆哮《ほうこう》する。

グロロロロロッ〜〜〜〜〜〜！

モンスターは檻《おり》の強度《きょうど》を試《ため》しているようにも見《み》えた。そのとき、会場《かいじょう》に通《つう》じるエレベーターの到着《とうちゃく》を知《し》らせるチャイムがチーンと鳴《な》った。そのすぐ前《まえ》で警備《けいび》していた傭兵《ようへい》が侵入者《しんにゅうしゃ》の可能性《かのうせい》も考《かんが》えながら銃《じゅう》を構《かま》え、警戒《けいかい》した。

ところが飛《と》び出《だ》してきたのは人《ひと》ではなかった。

ドスン！　スティギモロクの突進《とっしん》をまともに受《う》け、傭兵《ようへい》は5メートルも飛《と》ばされて意識《いしき》を失《うしな》った。

バイヤーたちがパニックに陥《おちい》った。スティギモロクは彼《かれ》らをボーリングのピンのように撥《は》ね飛《と》ばしながら猛進《もうしん》する。一方《いっぽう》でエレベーターの天井《てんじょう》から降《お》りたオーウェンは、傭兵《ようへい》がスティギモロクを撃《う》とうとしているのを見《み》て駆《か》け寄《よ》り、ひじをその顔面《がんめん》に打《う》ちつけた。

会場《かいじょう》は見《み》る見《み》るうちに混乱《こんらん》のるつぼと化《か》し、バイヤーやいすが宙《ちゅう》に舞《ま》った。暴《あば》れるスティギモロク。誰《だれ》にも止《と》められない。一方《いっぽう》、檻《おり》からはインドラプトルがその草食恐竜《そうしょくきょうりゅう》を見《み》ている。荒《あら》い息《いき》。この肉食恐竜《にくしょくきょうりゅう》も腹《はら》が減《へ》っていた。

ミルズは自分《じぶん》の夢《ゆめ》が悪夢《あくむ》に変《か》わるのをぼうぜんと見《み》ていた。我《われ》に返《かえ》り会場《かいじょう》を出《で》る。エヴァソールのほうはコンクリート製《せい》プラットホームの後《うし》ろに隠《かく》れたままだった。

オーウェンは傭兵《ようへい》がレバーを引《ひ》き、インドラプトルの檻《おり》を会場《かいじょう》から引《ひ》っ込《こ》める操作《そうさ》をしているのを見《み》た。あの遺伝子操作《いでんしそうさ》で生《う》まれたモンスターが追跡不可能《ついせきふかのう》になることだけは止《と》めなければならない。オーウェンはそう考《かんが》え、傭兵《ようへい》やバイヤーたちを押《お》し分《わ》け、檻《おり》へと近《ちか》づいた。

オーウェンがレバーにたどり着《つ》き、強《つよ》く引《ひ》っ張《ぱ》った。インドラプトルの檻《おり》が止《と》まったのを見《み》て、オーウェンはレバーを破壊《はかい》した。

これでインドラプトルは、しばらくのあいだ会場《かいじょう》から運《はこ》び出《だ》せないだろう。

スティギモロクがまだ暴《あば》れ回《まわ》っている会場《かいじょう》から、オーウェンはクレアとメイジーに合図《あいず》を送《おく》った。そっちへすぐに行《い》くよ……。自分《じぶん》のジェスチャーを2人《ふたり》が理解《りかい》したのを見《み》て、オーウェンは駆《か》け出《だ》した。散乱《さんらん》したいすや死体《したい》、ケガ人《にん》を避《よ》け、会場《かいじょう》を後《あと》にする。

外《そと》の積載《せきさい》ドックでは、バイヤーたちが落札《らくさつ》した恐竜《きょうりゅう》とともにトラックで脱出《だっしゅつ》しようと慌《あわ》てふためいていた。そのあいだにスティギモロクが外《そと》へ脱出《だっしゅつ》し、森《もり》へ走《はし》り込《こ》んでいた。ついに自由《じゆう》を手《て》に入《い》れたのだ。

一方《いっぽう》、ドックではウィートリーが吠《ほ》えていた。

「この荷《に》を外《そと》へ出《だ》すんだ。急《いそ》げ！」

そのとき会場《かいじょう》からインドラプトルの咆哮《ほうこう》が聞《き》こえた。ウィートリーはチャンスと見《み》て中《なか》へ入《はい》った。

「ミルズ！　ミルズどこにいる？　ボーナスをもらうぜ」

麻酔銃《ますいじゅう》を構《かま》えながら、インドラプトルの檻《おり》の前《まえ》に立《た》った。新《あら》たに創造《そうぞう》されたハイブリッド恐竜《きょうりゅう》はウィートリーを見《み》て唸《うな》り、頭《あたま》を鉄格子《てつごうし》に叩《たた》きつけた。

ズ〜〜〜ン！

「これはこれは……なんだおまえ。島《しま》では見《み》かけなかったな」

それを見《み》て、ウィートリーがインドラプトルの首《くび》に銃《じゅう》の照準《しょうじゅん》を合《あ》わせた。

パスッ。麻酔銃《ますいじゅう》のダーツが刺《さ》さった。インドラプトルは怒《おこ》ってもう一度《いちど》鉄格子《てつごうし》に頭《あたま》を押《お》しつける。ズ〜〜ン、ズン。

「タフなヤローだな」

そのあいだにウィートリーはダーツを装《そう》てんし、もう一発恐竜《いっぱつきょうりゅう》に撃《う》ち込《こ》んだ。

バタッ！　インドラプトルが檻《おり》の床《ゆか》に倒《たお》れた。ウィートリーは自分《じぶん》のベストを開《ひら》き、プライヤーを取《と》り出《だ》した。ウィートリーは檻《おり》のドアを開《あ》け、静《しず》かに中《なか》へ入《はい》った。ひざを落《お》とし、その恐《おそ》ろしい恐竜《きょうりゅう》の唇《くちびる》を持《も》ち上《あ》げる。ウィートリーはもう一度《いちど》その恐竜《きょうりゅう》を見《み》て、より大《おお》きなプライヤーに取《と》り換《か》えた。

「いいツラしてる。凶暴《きょうぼう》そのものだな。歯《は》もそれにふさわしい。ネックレスの飾《かざ》りにピッタリだぜ」

一本《いっぽん》の牙《きば》を定《さだ》め、ウィートリーはプライヤーを伸《の》ばした。しかし彼《かれ》がその歯《は》を抜《ぬ》く前《まえ》に、インドラプトルのまぶたが開《ひら》いた。しっぽが揺《ゆ》れ、唇《くちびる》が残忍《ざんにん》な形相《ぎょうそう》を見《み》せる。

ガブッ！

ウィートリーが我《われ》に返《かえ》ったときには、プライヤーごと腕《うで》が見《み》えなくなっていた。インドラプトルの強力《きょうりょく》な顎《あご》にくわえられたまま、その巨体《きょたい》が立《た》ち上《あ》がるのをウィートリーは恐怖《きょうふ》と激痛《げきつう》に叫《さけ》びながら見《み》ていた。自分《じぶん》の足《あし》がフロアを蹴《け》っていないことに気《き》づいた次《つぎ》の瞬間《しゅんかん》、フロアに片腕《かたうで》のないまま落《お》ち、倒《たお》れていた。

片腕《かたうで》を失《うしな》ったウィートリーは、必死《ひっし》に後《あと》ずさりした。

「やめ、やめろ」

しかし逃《に》げ場《ば》はなかった。

ガブッ！


ウィートリーの断末魔《だんまつま》の叫《さけ》びが反響《はんきょう》するなか、エヴァソールはコンクリートのプラットホームの陰《かげ》からそっと抜《ぬ》け出《だ》し、ドアが開《あ》いたままのエレベーターへ向《む》かった。

エレベーターにたどり着《つ》くと、中《なか》には3人《にん》のバイヤーがドア横両側《よこりょうがわ》の狭《せま》いスペースに隠《かく》れ、震《ふる》えていた。エヴァソールは彼《かれ》らを蔑《さげす》んだ目《め》で見《み》ると、1人《ひとり》の女性《じょせい》バイヤーをどかし、そこに現《あらわ》れたスイッチパネルにパスワードの数字《すうじ》を入力《にゅうりょく》した。バイヤーたちはそれができないため、逃《に》げられずにいたのだった。

「キャ〜〜〜〜〜〜〜〜〜〜ッ！」

女性《じょせい》バイヤーの悲鳴《ひめい》だった。

彼女《かのじょ》は檻《おり》の中《なか》で人《ひと》を食《た》べているインドラプトルを見《み》て、絶叫《ぜっきょう》したのだ。

それを聞《き》いたインドラプトルが檻《おり》から飛《と》び出《だ》し、猛然《もうぜん》とダッシュしてきた。エヴァソールは焦《あせ》った。早《はや》く閉《し》まれ！

恐怖《きょうふ》が迫《せま》るなか、ドアはじれったいほどゆっくりと動《うご》いている。エヴァソールの目《め》の前《まえ》でようやくドアが閉《と》じた。銀色《ぎんいろ》のドアにインドラプトルの悔《くや》しそうな咆哮《ほうこう》がぶつかり、反響《はんきょう》した。

助《たす》かった……。エヴァソールが安堵《あんど》のため息《いき》を吐《つ》いた。

外《そと》では恐竜《きょうりゅう》が巨体《きょたい》をひるがえし、次《つぎ》の獲物《えもの》を探《さが》そうとしていた。すると尻尾《しっぽ》がその反動《はんどう》で、偶然《ぐうぜん》エレベーターのスイッチにあたった。電気《でんき》がショートし、火花《ひばな》が散《ち》った。そのせいで、いったん閉《と》じられたエレベーターのドアがまたゆっくりと開《ひら》きはじめたのだ。

エヴァソールが最期《さいご》に見《み》たのは、自分《じぶん》が最高値《さいたかね》で売《う》りさばくはずだった、そのハイブリッドモンスターの大《おお》きな口《くち》だった。

咆哮《ほうこう》と悲鳴《ひめい》がとどろく。インドラプトルはエレベーターの中《なか》に飛《と》び込《こ》み、４人《にん》を素早《すばや》く仕《し》留《と》めた。彼《かれ》らの叫《さけ》び声《ごえ》は会場上《かいじょううえ》の作業用《さぎょうよう》トンネルまで響《ひび》き渡《わた》った。

そのトンネルでは、オーウェンがクレアとメイジーに合流《ごうりゅう》していた。クレアが少女《しょうじょ》の耳《みみ》を両手《りょうて》で覆《おお》っている。横《よこ》に腰《こし》かけ、オーウェンが安心《あんしん》させるような口調《くちょう》で言《い》った。

「おれが先頭《せんとう》で行《い》くから、離《はな》れずについてくるんだよ」

3人《にん》は細《ほそ》いトンネルを降《お》りはじめた。オーウェンの後《うし》ろでメイジーがクレアの手《て》をとった。トンネルはやがて十字路《じゅうじろ》になった。見《み》れば、右側《みぎがわ》にドアがある。オーウェンがそれを開《あ》けたとき、

「動《うご》くな！」

外《そと》にいる傭兵《ようへい》が叫《さけ》んだ。

「武器《ぶき》を床《ゆか》へ投《な》げろ、今《いま》すぐだ！」

傭兵《ようへい》が銃《じゅう》を向《む》け威嚇《いかく》した。オーウェンとクレアは呆気《あっけ》にとられた。2名《めい》の傭兵《ようへい》の後《うし》ろから、ミルズが歩《あゆ》み出《で》てきたのだ。

「だから動《うご》くな、と言《い》われただろう」

ミルズが吐《は》き捨《す》てると、オーウェンは肩《かた》からライフルをとり、床《ゆか》に置《お》いた。

「こっちへ滑《すべ》らせろ」

傭兵《ようへい》の命令《めいれい》にオーウェンは従《したが》い、両手《りょうて》をあげた。するとミルズが、

「まったく、最悪《さいあく》のペアだな。メイジーこっちへ来《こ》い」

オーウェンに抱《だ》きつくメイジーをにらみつける。オーウェンが唇《くちびる》をかみしめ、ミルズに言《い》

った。

「カネは手《て》にしたろ。ここから失《う》せろ」

「そっちこそ何《なに》をする気《き》だ？」

クレアが代《か》わりに答《こた》えた。

「終《お》わらせるわ、何《なに》もかも」

「どうやって？　ハモンドが神《かみ》に挑《いど》んだ前《まえ》に戻《もど》るのか？　時間《じかん》は巻《ま》き戻《もど》せない！」

「やってみないとわからないわ」

「手遅《ておく》れだ。メイジー来《こ》い。ああ、そうか、その子《こ》の保護者《ほごしゃ》になろうってか、あぁ？　その子《こ》の正体《しょうたい》も知《し》らないで」

ミルズがじっと聞《き》き入《い》るメイジーに視線《しせん》を流《なが》した。

「ハモンドとロックウッドがなぜ別《わか》れたと思《おも》う？　ロックウッドには孫《まご》なんていやしないんだ。死《し》んだ一人娘《ひとりむすめ》を取《と》り戻《もど》したい。その一心《いっしん》で……」

メイジーが息《いき》をのんだ。

「クローンをつくったんだ。彼女《かのじょ》の複製《ふくせい》を……」

ブ〰〰〰ム！

ミルズの言葉《ことば》の途中《とちゅう》で、後《うし》ろにいた傭兵《ようへい》たちの体《からだ》がそのまま横《よこ》へ飛《と》び、消《き》えた。十字路《じゅうじろ》から飛《と》び出《だ》してきたインドラプトルの影《かげ》が、疾走《しっそう》する列車《れっしゃ》のようにミルズの後《うし》ろを通《とお》り過《す》ぎた。恐竜《きょうりゅう》は傭兵《ようへい》たちをくわえたままトンネルの中《なか》に消《き》えていった。

恐怖《きょうふ》にメイジーが悲鳴《ひめい》をあげた。

オーウェンは彼女《かのじょ》たちの後《うし》ろにあるドアを開《あ》け、

「さあ、急《いそ》いで！」

3人《にん》は暗《くら》がりに身《み》をひそめた。恐怖《きょうふ》とショックでメイジーは動《うご》けなかった。壁《かべ》に背《せ》をつけ、激《はげ》しく息《いき》をする。自分《じぶん》の出生《しゅっしょう》の秘密《ひみつ》を突《つ》き付《つ》けられても、すぐには考《かんが》えが整理《せいり》できない。自分《じぶん》は何者《なにもの》なのだ……。

インドラプトルがトンネルの曲《ま》がり角《かど》から吠《ほ》えながらこっちへ向《む》かってきた。オーウェンが閉《し》めたドアに体当《たいあ》たりし、顎《あご》で開《あ》けようとしている。オーウェンはクレアとドアを押《お》し返《かえ》しながら、なんとかドアを閉《し》めて、ロックした。

「こっちよ」

我《われ》に返《かえ》った少女《しょうじょ》が、2人《ふたり》に言《い》った。

第《だい》19章《しょう》　フランクリンの勇気《ゆうき》

地下《ちか》2階《かい》の研究室《けんきゅうしつ》では、ウー博士《はかせ》が恐竜《きょうりゅう》の胚芽《はいが》とインドミナス・レックスの骨《ほね》を梱包《こんぽう》しながら、技術者《ぎじゅつしゃ》に注意《ちゅうい》を促《うなが》していた。

博士《はかせ》は近《ちか》くに立《た》つもう1人《ひとり》の従業員《じゅうぎょういん》の男《おとこ》の肩《かた》をつかんだ。

「おい君《きみ》、ラプトルの採血《さいけつ》をするぞ」

その従業員《じゅうぎょういん》は、なんとフランクリンだった。

「何《なに》をバカみたいに突《つ》っ立《た》ってる。採血《さいけつ》キットの用意《ようい》だ。あそこにある」

と、ウーはフランクリンを叱責《しっせき》した。フランクリンがキャビネットの中《なか》をかきまぜているあいだに、博士《はかせ》はブルーの檻《おり》へ向《む》かった。ジアがその近《ちか》くで手首《てくび》に手錠《てじょう》をかけられ、パイプにつながれていた。

「このラプトルの血液《けつえき》がいる」

ウーが彼女《かのじょ》に言《い》った。

ブルーが爪《つめ》を伸《の》ばし、ウーにシャーッと唸《うな》った。

「ご勝手《かって》に」

ウーはブルーに近《ちか》づいたが、あやうく手《て》にかみつかれそうになって後《あと》ずさりした。

「採血《さいけつ》キットはまだか？　いいかよく聞《き》け。協力《きょうりょく》したほうが利口《りこう》だぞ。助《たす》けなしでも採血《さいけつ》はできるんだ」

ウーの要請《ようせい》が聞《き》こえないとばかりにジアが言《い》う。

「彼女《かのじょ》の血液《けつえき》はもう汚染《おせん》されているわよ」

ゴム手袋《てぶくろ》をはめながら、ウーは、

「このラプトルをつくったのは私《わたし》だ。きれいだよ。細胞《さいぼう》のひとつひとつまで完璧《かんぺき》にクリーンでコントロールされた環境下《かんきょうか》でつくられた」

ジアがうなずいた。

「ええ、でも、私《わたし》が彼女《かのじょ》にＴ《ティー》レックスの血《ち》を輸血《ゆけつ》した。だからもうピュアじゃない」

「輸血《ゆけつ》だと？」

ウーの目《め》が怒《いか》りに燃《も》えはじめた。と、その次《つぎ》の瞬間《しゅんかん》、博士《はかせ》の首筋《くびすじ》に注射針《ちゅうしゃばり》が刺《さ》された。恐竜用《きょうりゅうよう》の麻酔薬《ますいやく》があっという間《ま》に全身《ぜんしん》に回《まわ》り、ウーは血液《けつえき》サンプルの載《の》ったトレーとともに床《ゆか》に崩《くず》れ落《お》ちた。

博士《はかせ》を見下《みお》ろして立《た》っていたのはフランクリンだった。あの弱気《よわき》なフランクリンが、まったく別人《べつじん》のように勇敢《ゆうかん》で、輝《かがや》いて見《み》えた。

「あんた、だれ？」

ジアが驚《おどろ》いて聞《き》いた。

「今日《きょう》だけは別人《べつじん》さ」

フランクリンは答《こた》え、ウーの鍵《かぎ》を取《と》るとジアの手錠《てじょう》を外《はず》した。

そのとき巨体《きょたい》の傭兵《ようへい》が現《あらわ》れるのが見《み》えた。

「止《と》まれ！　動《うご》くな。その檻《おり》から離《はな》れるんだ。今《いま》すぐ！」

傭兵《ようへい》が近《ちか》づいてくると、その隙《すき》にジアが彼《かれ》の後《うし》ろにまわり、ブルーの檻《おり》のかんぬきをはずした。フランクリンがジアの行動《こうどう》を見守《みまも》っている。気《き》づいた傭兵《ようへい》がジアを振《ふ》り返《かえ》った。

「よせ！」

ジアが檻《おり》のドアを開《あ》けた。とっさにフランクリンが来《き》て、ジアとドアの後《うし》ろに隠《かく》れた。ブルーが檻《おり》から疾風《しっぷう》のように飛《と》び出《だ》し、傭兵《ようへい》が銃《じゅう》を撃《う》つ前《まえ》に息《いき》の根《ね》を止《と》めた。

さらに傭兵《ようへい》が数人《すうにん》入《はい》ってきたが、皆《みな》ブルーの素早《すばや》い攻撃《こうげき》に倒《たお》れ、誰《だれ》も銃《じゅう》をブルーに向《む》けて撃《う》つ暇《ひま》さえ与《あた》えられなかった。

ただ、襲《おそ》われる際《さい》に撃《う》った1人《ひとり》の傭兵《ようへい》の弾《たま》があらぬ方向《ほうこう》へ飛《と》び、引火性《いんかせい》ガスの充満《じゅうまん》したタンクを撃《う》ち抜《ぬ》いていた。

シュ――――！　研究室《けんきゅうしつ》にガスや炎《ほのお》が充満《じゅうまん》する。

「走《はし》って！　逃《に》げるよ！」

ジアのかけ声《ごえ》に合《あ》わせ、フランクリンが走《はし》り出《で》る。そしてブルーも続《つづ》いた。

警報機《けいほうき》がけたたましく鳴《な》り響《ひび》く。システム故障《こしょう》、システム故障《こしょう》……。ディスプレーに警報《けいほう》が現《あらわ》れ、点滅《てんめつ》した。

ド〰〰〰〰〰〰〰〰〰〰〰〰〰ン！

引火《いんか》したガスが爆発《ばくはつ》し、ブルーの体《からだ》が吹《ふ》き飛《と》ばされた。

第《だい》20章《しょう》　ハイブリッドモンスターVS最凶《さいきょう》ラプトル

明《あ》かりの消《き》えた書斎《しょさい》に、オーウェンとクレア、メイジーが入《はい》っていく。ウィートリーの部《ぶ》下《か》たちとインドラプトルがまだ邸宅内《ていたくない》にいることはわかっていた。

メイジーが広《ひろ》い部屋《へや》の奥《おく》にあるドアを指《ゆび》さした。その方向《ほうこう》に向《む》かい、半分《はんぶん》ほど進《すす》んだときだった。オーウェンが片手《かたて》をあげた。後《うし》ろの2人《ふたり》が止《と》まる。トリケラトプスの頭蓋骨《ずがいこつ》の横《よこ》、フロア上《じょう》に傭兵《ようへい》が1人倒《ひとりたお》れていた。レーザー照準器《しょうじゅんき》付《つ》きのライフルが横《よこ》に落《お》ちている。

すると突然《とつぜん》、その傭兵《ようへい》が像《ぞう》の台《だい》の後《うし》ろへ引《ひ》きずられていった。

ぬうっと現《あらわ》れたのは、インドラプトルだった。傭兵《ようへい》を胃袋《いぶくろ》におさめ、今度《こんど》はオーウェンたちを探《さが》しはじめている。オーウェンたちは骨格標本《こっかくひょうほん》の台座《だいざ》のまわりを、身《み》を低《ひく》くして移動《いどう》した。オーウェンが傭兵《ようへい》の銃《じゅう》へ手《て》を伸《の》ばした瞬間《しゅんかん》、傭兵《ようへい》の持《も》っていた無線《むせん》が音《おと》をたてた。

インドラプトルが首《くび》を向《む》けた。

オーウェンと怪物《かいぶつ》が目《め》を合《あ》わせた。

インドラプトルはトリケラトプスの角《つの》に長《なが》い爪《つめ》をからめ、標本《ひょうほん》の上《うえ》に登《のぼ》った。

そのときインドラプトルの目《め》が3人全員《にんぜんいん》をとらえた。

オーウェンたちは走《はし》った。インドラプトルが後《あと》を追《お》う。中二階《ちゅうにかい》に続《つづ》くらせん階段《かいだん》を上《のぼ》っていく。インドラプトルは階段《かいだん》の手《て》すりに体当《たいあ》たりし、オーウェンたちを捕《つか》まえようとしている。オーウェンたちはなんとか中二階《ちゅうにかい》へ着《つ》き、メイジーが、

「こっちよ！」

角《かど》のパネルが掛《か》かった壁《かべ》。そこへクレアたちを導《みちび》くと、下《した》からインドラプトルが吠《ほ》えるなか、メイジーはパネルを引《ひ》き上《あ》げた。そこは隠《かく》しドアになっていて、オーウェンは急《いそ》いで2人《ふたり》を先《さき》に入《い》れ、最後《さいご》に自分《じぶん》が滑《すべ》り込《こ》んだ。そこにははしごがあり、クレアとメイジーが急《いそ》ぎ降《お》りた先《さき》は、1階《かい》の恐竜《きょうりゅう》のジオラマだった。

隠《かく》しドアの裏《うら》に残《のこ》ったオーウェンは、隙間《すきま》から外《そと》をのぞき、インドラプトルの所在《しょざい》を確《たし》かめようとした。ところがそのとき、
ドス～～～ン！

インドラプトルがドアにいきなり体当《たいあ》たりをしてきた。

オーウェンは心臓《しんぞう》が飛《と》び出《だ》しそうなほど驚《おどろ》いて、急《いそ》いではしごを降《お》りた。

恐竜《きょうりゅう》のジオラマが並《なら》ぶ中《なか》に、オーウェンは照明《しょうめい》のスイッチが集《あつ》まった場所《ばしょ》を見《み》つけて明《あ》か

りを消《け》した。

あたりが暗《くら》く、静《しず》まり返《かえ》った。インドラプトルがどこにいるのか、オーウェンたちにはまったくわからなかった。

「反対側《はんたいがわ》にドアがあるわよ」

メイジーがささやいた。３人《にん》は恐竜《きょうりゅう》のディスプレーのあいだを進《すす》んだ。

一方《いっぽう》、地下《ちか》の制御室《せいぎょしつ》では、爆発《ばくはつ》した衝撃《しょうげき》で猛毒《もうどく》のシアン化水素《かすいそ》が噴《ふ》き出《だ》していた。このまま濃度《のうど》が上《あ》がれば、隣接《りんせつ》した抑留房《よくりゅうぼう》に閉《と》じ込《こ》められている恐竜《きょうりゅう》たちは全滅《ぜんめつ》する。止《と》まってしまった換気《かんき》システムを動《うご》かそうと、ジアに急《せ》かされながらフランクリンが懸命《けんめい》に再起動《さいきどう》を試《こころ》みていた。そして、ついにシステムが再起動《さいきどう》し、バックアップ電源《でんげん》が動《うご》き出《だ》した。明《あ》かりがあちこちでつきはじめる。

オーウェン、クレア、メイジーがジオラマの反対側《はんたいがわ》にあるドアにたどり着《つ》いたとき、ドアは何《なに》かにひっかかり、開《あ》けることができなかった。オーウェンがなんとか開《あ》けようとしていると、博物《はくぶつ》スペースの明《あ》かりがひとつずつ戻《もど》った。やがてスペース全体《ぜんたい》が明《あか》るくなった。

メイジーがガラス越《ご》しにあたりをのぞいた。しかしジオラマ側《がわ》の方《ほう》に照明《しょうめい》があたっているため、自分《じぶん》の姿《すがた》の反射《はんしゃ》ばかりが見《み》えて、外《そと》の様子《ようす》がよくわからなかった。外《そと》で稲妻《いなずま》が光《ひか》った。

そのときだった。インドラプトルの顔《かお》がそこに浮《う》かび上《あ》がった。

ガラスのすぐ外《そと》にいたのだ！

メイジーが叫《さけ》ぶと同時《どうじ》にインドラプトルがガラスを破《やぶ》り、ジオラマの方《ほう》へ突進《とっしん》してきた。恐竜《きょうりゅう》は大《おお》きな丸太《まるた》をクレアとオーウェンの方《ほう》へ投《な》げ、２人《ふたり》を壁際《かべぎわ》へ追《お》い詰《つ》めた。

「ここから逃《に》げて、メイジー！　走《はし》るのよ！」

クレアが叫《さけ》んだ。メイジーは、オーウェンとクレアに狙《ねら》いをつけるインドラプトルの横《よこ》を走《はし》り、逃《に》げた。そのとき、クレアの悲鳴《ひめい》が響《ひび》いた。太《ふと》ももに長《なが》い鉤爪《かぎつめ》を突《つ》き立《た》てられたのだ。

インドラプトルになぎ倒《たお》されたジオラマが次々《つぎつぎ》とオーウェンやクレアに降《ふ》ってくる。逃《に》げ場《ば》がさらに少《すく》なくなっていく。インドラプトルはメイジーに興味《きょうみ》を移《うつ》したのか、彼女《かのじょ》を追《お》って長《なが》い鉤爪《かぎつめ》をキィー、キィーと鳴《な》らしながら、書斎《しょさい》のフロアを走《はし》り、追《お》いかけていく。

メイジーはロビーに逃《に》げ、階段《かいだん》を上《あ》がって廊下《ろうか》を走《はし》った。小型《こがた》リフトへ逃《に》げ込《こ》むつもりだった。インドラプトルがすぐ後《うし》ろに迫《せま》っていた。メイジーは小型《こがた》リフトに入《はい》り、恐竜《きょうりゅう》の顔《かお》のすぐ前《まえ》でドアを閉《し》めた。

小型《こがた》リフトが上下《じょうげ》するコンクリートの空洞《くうどう》の中《なか》で、メイジーは別《べつ》のフロアへ移動《いどう》することができた。しかしインドラプトルは彼女《かのじょ》のにおいを壁越《かべご》しに嗅《か》ぎ、彼女《かのじょ》が空洞《くうどう》を上《うえ》へ向《む》かっていることに気《き》づいていた。この恐竜《きょうりゅう》はすでに「追跡《ついせき》」ではなく、「狩猟《しゅりょう》」を始《はじ》めていたのだ。

ジオラマの中《なか》では、オーウェンとクレアが丸太《まるた》の下《した》からなんとか脱出《だっしゅつ》していた。しかしクレアはなかなか立《た》ち上《あ》がることができない。インドラプトルの鉤爪《かぎつめ》が足《あし》に深《ふか》い傷《きず》を負《お》わせていたのだ。

「メイジーを探《さが》して」

クレアが言《い》った。

「君《きみ》を置《お》いていけない」

クレアがオーウェンにキスをする。

「行《い》って。大丈夫《だいじょうぶ》。早《はや》く！」

上《うえ》のベッドルーム。メイジーはベッドの上《うえ》だ。カバーの下《した》にもぐり、身《み》を隠《かく》していた。

窓《まど》の外側《そとがわ》のノブに、上《うえ》からぶら下《さ》がるインドラプトルの長《なが》い爪《つめ》がかかる。カツ、カツ……。

高度《こうど》な知能《ちのう》が、そんな忍者《にんじゃ》のような侵入《しんにゅう》を可能《かのう》にしていた。

一瞬《いっしゅん》、稲光《いなびかり》がその不気味《ぶきみ》な影《かげ》を寝室《しんしつ》の奥《おく》の壁《かべ》に映《うつ》し出《だ》した。部屋《へや》に置《お》かれた木馬《もくば》の影《かげ》に、重《かさ》なるように大《おお》きな顎《あご》が映《うつ》り、すうっと伸《の》びはじめる。

彼女《かのじょ》のにおいを追《お》ってインドラプトルはその暗《くら》いベッドルームへ入《はい》ってきた。

メイジーは息《いき》を殺《ころ》した。インドラプトルが静《しず》かに部屋《へや》へ入《はい》り、近《ちか》づいてくる気配《けはい》がわかった。巨大《きょだい》な黒《くろ》い鉤爪《かぎつめ》が、ベッドの下《した》の方《ほう》からカバーをまさぐるように、メイジーの頭《あたま》が隠《かく》れた枕《まくら》の方《ほう》へ接近《せっきん》する。ごちそうを前《まえ》に、よだれが垂《た》れる大《おお》きな口《くち》が、牙《きば》が、数十《すうじっ》センチ、数《すう》センチのところまで迫《せま》ってきた。

そのとき、オーウェンがドアを蹴《け》り開《あ》けた。

インドラプトルが振《ふ》り返《かえ》る。オーウェンの手《て》には傭兵《ようへい》のライフルがあった。

「メイジー、伏《ふ》せろ！」

オーウェンが叫《さけ》んだ。

バン！　バン！　バ〜〜〜〜〜ン！

インドラプトルを撃《う》ったオーウェンは、相手《あいて》にダメージを与《あた》えたように感《かん》じた。よし、この調子《ちょうし》だ。オーウェンはさらに撃《う》ち込《こ》もうとして、弾《たま》が尽《つ》きていることに気《き》づいた……。恐竜《きょうりゅう》がゆっくりと立《た》ち上《あ》がり、恐《おそ》ろしいほどの高《たか》さにそびえ立《た》った。オーウェンは威圧《いあつ》され、隅《すみ》へ後《あと》ずさりしていく。

そのとき突然《とつぜん》、廊下《ろうか》にブルーが現《あらわ》れた。

オーウェンが危険《きけん》に陥《おちい》っているのを見《み》るや、ブルーはインドラプトルへ襲《おそ》いかかった。爪《つめ》を相手《あいて》の皮膚《ひふ》深《ぶか》く埋《う》める。かみ合《あ》い、引《ひ》っかき合《あ》い、叩《たた》き合《あ》い、2頭《とう》の肉食恐竜《にくしょくきょうりゅう》が暴《あば》れ回《まわ》る。家具《かぐ》が飛《と》び、壁《かべ》が壊《こわ》れていく。枕《まくら》から出《で》た羽毛《うもう》が雪《ゆき》のように舞《ま》うなか、オーウェンが走《はし》り、メイジーを抱《だ》き上《あ》げた。そして窓《まど》へ向《む》かうと、バルコニーへ出《で》た。

「あっちよ！」

メイジーが言《い》った。

2人《ふたり》は書斎上《しょさいうえ》のガラスでできた屋根《やね》を、慎重《しんちょう》に渡《わた》っていった。そのとき、

ガシャーッ！

インドラプトルが窓《まど》を壊《こわ》して屋根《やね》に駆《か》け上《あ》がった。その壊《こわ》された窓《まど》から、オーウェンはまだベッドルームにいるブルーを見《み》た。ケガをしているが、まだ動《うご》いている。

インドラプトルから逃《のが》れるためには、オーウェンとメイジーはガラス屋根《やね》を横切《よこぎ》っていく

しかなかった。インドラプトルは屋根《やね》の反対側《はんたいがわ》にいて、ゆっくりこちらへ移動《いどう》してくる。重《おも》みで屋根《やね》の梁《はり》がへこんでも、落《お》ちる気配《けはい》はない。

そのときメイジーが足《あし》を滑《すべ》らせ、屋根《やね》から落《お》ちそうになった。慌《あわ》ててオーウェンが手《て》を伸《の》ばし、つかみ止《と》めた。

片手《かたて》で屋根《やね》の隅《すみ》をつかみ、ぶらさがるオーウェン。たいへんだ、このままでは……。

そのときだった！

ガン、ガン、ガ～～～～ン！

「こっちよ！」

見《み》れば、クレアがインドラプトルの後《うし》ろで屋根《やね》の梁《はり》につかまり、オーウェンがメイジーのベッドルームで落《お》としたライフルで音《おと》を鳴《な》らし、注意《ちゅうい》を引《ひ》いていた。インドラプトルがクレアを振《ふ》り返《かえ》っているあいだに、オーウェンはメイジーを上《うえ》へ引《ひ》き上《あ》げた。立《た》ち上《あ》がり、メイジーを後《うし》ろに恐竜《きょうりゅう》と対峙《たいじ》する。

するとどうだろう。クレアがライフルのレーザー照準《しょうじゅん》をつけ、オーウェンの胸元《むなもと》に照《て》らしはじめた。

インドラプトルがすぐに反応《はんのう》し、体《からだ》を丸《まる》めた。オーウェンへの攻撃体勢《こうげきたいせい》だ。オーウェンは慌《あわ》ててクレアに目《め》を走《はし》らせた。だがすぐに彼女《かのじょ》の狙《ねら》いを悟《さと》り、ウインクを返《かえ》す。

「来《こ》い」

胸《むね》にレーザーの赤《あか》い点《てん》を受《う》けたまま、オーウェンはインドラプトルに駆《か》け寄《よ》った。訓練《くんれん》された殺戮《さつりく》マシンが咆哮《ほうこう》し、オーウェンへ飛《と》びかかる。しかし最後《さいご》の瞬間《しゅんかん》、オーウェンが横《よこ》に飛《と》び、ルーフの上《うえ》を滑《すべ》り降《お》りた。インドラプトルの爪《つめ》はオーウェンをすんでのところでつかみそこなった。その巨大《きょだい》な体《からだ》が着地《ちゃくち》したのは、屋根《やね》のガラス部分《ぶぶん》だった。

ガガガガガ……。

ガラスを破《やぶ》り、インドラプトルが落下《らっか》した。

だが、窓《まど》の出《で》っ張《ぱ》りに辛《かろ》うじてぶら下《さ》がっている。やがて屋根《やね》へよじ登《のぼ》り、オーウェンとメイジーを簡単《かんたん》に襲《おそ》える位置《いち》まで戻《もど》ってきた。

そのときだった。近《ちか》くの煙突《えんとつ》からブルーが飛《と》び出《だ》し、甲高《かんだか》い声《こえ》をあげながらインドラプトルの背中《せなか》に跳《と》び乗《の》った。インドラプトルのバランスが崩《くず》れ、屋根《やね》にしがみついていられずに、ズルズルと滑《すべ》って、ブルーもろとも書斎《しょさい》へ落下《らっか》していった。

その途中《とちゅう》、体《からだ》の小《ちい》さなブルーは空中《くうちゅう》で素早《すばや》く動《うご》いて、インドラプトルの向《む》きを変《か》えた。

ダッダダ～～～～ン！

インドラプトルがトリケラトプスの頭骨《とうこつ》の上《うえ》に落下《らっか》し、その角《つの》に串刺《くしざ》しにされた。インドラプトルはピクリとも動《うご》かない。

その直後《ちょくご》、エレベーターのドアが開《あ》き、ジアとフランクリンが書斎《しょさい》に駆《か》け込《こ》んだ。彼《かれ》らはインドラプトルの串刺《くしざ》しを目《ま》の当《あ》たりにして凍《こお》りついた。見《み》れば、ブルーが部屋《へや》の奥《おく》にあるもう一方《いっぽう》の廊下《ろうか》へ走《はし》っていった。

ジアがぽっかりと開《あ》いた天井《てんじょう》の穴《あな》を見上《みあ》げると、夜空《よぞら》をバックにオーウェン、クレア、メイジーが彼女《かのじょ》を見下《みお》ろしていた。

「大丈夫《だいじょうぶ》？」

ジアに聞《き》かれ、オーウェンは、

「ああ、そっちは？」

フランクリンが首《くび》を振《ふ》った。「ヤバイ」

ジアがオーウェンたちに声《こえ》を発《はっ》した。

「大問題《だいもんだい》が起《お》きた。すぐ下《した》に降《お》りてくれない？」

第《だい》21章《しょう》　最後《さいご》の暴走《ぼうそう》

ミルズが研究室《けんきゅうしつ》のドアを開《あ》けると、そこは驚《おどろ》いたことに煙《けむり》が充満《じゅうまん》し、炎《ほのお》もあがっていた。ガスのにおいさえする。ミルズが去《さ》ろうとしたとき、フロアに何《なに》かの影《かげ》を見《み》て足《あし》を止《と》めた。インドミナス・レックスの骨《ほね》を入《い》れたガラスケースだ。このDNA《ディーエヌエー》があれば、きっとやり直《なお》せる……。

ミルズはハンカチを取《と》り出《だ》して口《くち》にあて、ケースを持《も》って研究室《けんきゅうしつ》を出《で》た。

そのときほぼ同時《どうじ》に、クレア、オーウェン、メイジー、ジアとフランクリンが恐竜抑留房《きょうりゅうよくりゅうぼう》を見下《みお》ろす、三方《さんぼう》をガラスに覆《おお》われた制御室《せいぎょしつ》へ入《はい》ってきた。コンピューター画面《がめん》が点滅《てんめつ》し、文字《もじ》を映《うつ》している。

〈換気《かんき》システム故障《こしょう》！〉

彼《かれ》らの下《した》、抑留房《よくりゅうぼう》では小《ち》さな火災《かさい》が起《お》きていた。研究室《けんきゅうしつ》の爆発《ばくはつ》により発生《はっせい》したシアン化水素《かすいそ》ガスの煙《けむり》が天井《てんじょう》近《ちか》くにたなびいていた。恐竜《きょうりゅう》たちはフロアに頭《あたま》を近《ちか》づけ、毒《どく》ガスから身《み》を守《まも》っていた。

別《べつ》のコンピューター画面《がめん》に警報《けいほう》が点滅《てんめつ》している。

〈汚染警報《おせんけいほう》――シアン化水素検知《かすいそけんち》！〉

毒《どく》ガスが充満《じゅうまん》していく。ガラスを通《とお》して、オーウェンたちは恐竜《きょうりゅう》が中毒死《ちゅうどくし》に直面《ちょくめん》している恐《おそ》ろしい光景《こうけい》を目《ま》の当《あ》たりにしていた。

「みんな死《し》んじゃう！」

クレアが泣《な》き叫《さけ》んだ。

「再起動《さいきどう》したけど換気《かんき》システムがいかれちまってる。直《なお》そうとしたけどダメ」

ジアがうなだれる。

オーウェンはメイジーを抱《だ》き上《あ》げた。少女《しょうじょ》に死《し》にゆく恐竜《きょうりゅう》たちの恐《おそ》ろしい光景《こうけい》を見《み》せるわけにはいかなかった。

クレアは制御《せいぎょ》パネルに向《む》かい、タッチスクリーンをスワイプした。探《さが》していたコマンドを見《み》つけた。

「ここから抑留房《よくりゅうぼう》のドアを開《あ》けることができるわ」

「クレア、待《ま》って……ここは離《はな》れ小島《こじま》じゃないんだ」

オーウェンが止《と》めた。

すでにクレアはコマンドボタンを押《お》していた。檻《おり》のドアが次々《つぎつぎ》と開放《かいほう》された。恐竜《きょうりゅう》たちが急《いそ》いで外《そと》へ逃《に》げ出《だ》す。がらんとした広《ひろ》い部屋《へや》の中央《ちゅうおう》に集《あつ》まっていった。しかしそこからはどこへも行《い》くところがない。ガスが向《む》かってくるなか、恐竜《きょうりゅう》たちは外《そと》へつながるメインドアに群《むら》がるしかできなかった。

クレアが〈外部《がいぶ》ドア開放《かいほう》〉と書《か》かれた赤《あか》いボタンに手《て》をかけたまま、躊躇《ちゅうちょ》している。

「そのボタンを押《お》せば、もう後戻《あともど》りはできない」

オーウェンが忠告《ちゅうこく》した。

「彼《かれ》らを見殺《みごろ》しにはできないわ」

「しかし自分《じぶん》が何《なに》をしているのか、考《かんが》えてみるんだ」

クレアは迷《まよ》った。恐竜《きょうりゅう》たちを世界《せかい》に放《はな》つのは、向《む》こう見《み》ずで危険《きけん》な行為《こうい》だった。いや、おそらく犯罪《はんざい》だろう。それは十分《じゅうぶん》にわかっているはずなのに、ここに突《つ》っ立《た》ったまま、苦《くる》しみもだえ、吠《ほ》え、咳《せ》き込《こ》み、死《し》んでいく恐竜《きょうりゅう》たちを見《み》ているのは、人道《じんどう》に反《はん》する行為《こうい》だった。

しかし……。

「これが私《わたし》たち人間《にんげん》の本性《ほんしょう》なのかしら」

クレアが尋《たず》ねた。

「今日《きょう》だけはね」

オーウェンが答《こた》えながら、自分《じぶん》とクレアの手《て》をボタンから離《はな》した。２人《ふたり》は同時《どうじ》にゆっくりと肩《かた》で息《いき》をした。

ところがそのとき……。

グゥオオオオン、グゥオオオオン、グゥオオオオン……。

突然《とつぜん》アラーム音《おん》が鳴《な》り響《ひび》いた。赤《あか》いライトが点滅《てんめつ》する。大《おお》きなドアが外《そと》へ自動的《じどうてき》にスイングし、開《ひら》いた。すると恐竜《きょうりゅう》たちの顔《かお》が一斉《いっせい》に外気《がいき》の流《なが》れる方《ほう》を向《む》いた。

オーウェンとクレアが振《ふ》り返《かえ》ると、メイジーの小《ちい》さな手《て》が大《おお》きな赤《あか》いボタンの上《うえ》にあった。

メイジーは泣《な》いていた。

「私《わたし》と同《おな》じ……クローンだけど……みんな生《い》きてる」

下《した》では恐竜《きょうりゅう》がドアへ殺到《さっとう》していた。そして次々《つぎつぎ》と人間《にんげん》の世界《せかい》に駆《か》け出《だ》していった。

彼《かれ》らはこれからアメリカを、そしてその先《さき》の世界《せかい》を、自由《じゆう》に動《うご》きまわることができるのだ。

そのとき、積載《せきさい》ドックの近《ちか》くでは、ミルズが１台《だい》のバンへ向《む》かっていた。手《て》にしたガラスケースにはインドミナス・レックスの骨《ほね》が入《はい》っている。２人《ふたり》の傭兵《ようへい》が彼《かれ》の後《うし》ろを歩《ある》いていた。

ミルズはふとゴロゴロという音《おと》を聞《き》いて、振《ふ》り返《かえ》った。

プテラノドンが夜空《よぞら》から舞《ま》い降《お》り、傭兵《ようへい》の1人《ひとり》をさらい、バンの上《うえ》に落《お》とした。

ド〜〜〜ン！

後《あと》ずさりして警戒《けいかい》するミルズは、地鳴《じな》りのような音《おと》がどこから来《く》るのか、このときになってわかった。毒《どく》ガスから逃《のが》れた恐竜《きょうりゅう》の群《む》れが、自分《じぶん》に向《む》かって怒涛《どとう》のごとく向《む》かってくる。

もう1人《ひとり》の傭兵《ようへい》がその暴走恐竜《ぼうそうきょうりゅう》たちに踏《ふ》みつぶされた。ミルズはとっさにバンの下《した》に潜《もぐ》った。

巨大《きょだい》な脚《あし》と夜風《よかぜ》を切《き》る角《つの》から逃《に》げる場所《ばしょ》は他《ほか》に見《み》つからなかった。

ガガガガガッ！！！

恐竜《きょうりゅう》たちがバンに体当《たいあ》たりし、クルマが横《よこ》へそのまま移動《いどう》した。隠《かく》れていたミルズの姿《すがた》があらわになった。ミルズは必死《ひっし》にバンの下《した》へ再《ふたた》び潜《もぐ》ろうとしたが、インドミナス・レックスの骨《ほね》が入《はい》ったガラスケースを忘《わす》れたことに気《き》づいて振《ふ》り返《かえ》った。見《み》れば、奇跡的《きせきてき》に恐竜《きょうりゅう》たちの脚《あし》に潰《つぶ》されずにいる。

そのとき……。

ガガ〜〜〜ン！

バンが踏《ふ》まれた。2本《ほん》のタイヤが破裂《はれつ》したが、ミルズはなんとかクルマの下《した》で安全《あんぜん》を確保《かくほ》していた。

やがて恐竜《きょうりゅう》の暴走《ぼうそう》が過《す》ぎ去《さ》り、あたりが静《しず》かになった。ミルズは大《おお》きく肩《かた》で息《いき》をし、安堵《あんど》した。

すると、彼《かれ》の目《め》に4、5メートル先《さき》に転《ころ》がる、ガラスケースが映《うつ》った。なんと、潰《つぶ》されてはいなかったのだ。これだけでもひと財産《ざいさん》つくれる値打《ねう》ちがあった。

貪欲《どんよく》な笑《え》みを浮《う》かべながら、ミルズは周囲《しゅうい》を見回《みまわ》し、安全《あんぜん》を確認《かくにん》した。そしてバンの下《した》からはい出《で》て、歩《ある》き出《だ》した。

ケースを手《て》に取《と》り、ニヤっと笑《わら》う。そのとき、

ガブッ！

どこからともなくT《ティー》レックスが現《あらわ》れ、ミルズを頭《あたま》から捕《ほ》食《しょく》。さらに横取《よこど》りしようと現《あらわ》れたアロサウルスと奪《うば》い合《あ》いになり、まっぷたつにかみちぎってしまった。その大《おお》きな脚《あし》がインドミナス・レックスの骨《ほね》が入《はい》ったガラスケースを粉々《こなごな》に砕《くだ》いた。

T《ティー》レックスは向《む》きを変《か》え、勝利《しょうり》の雄叫《おたけ》びをあげながら、夜陰《やいん》に消《き》えていった。

第《だい》22章《しょう》　新《あたら》しい世界《せかい》

オーウェン、クレア、フランクリン、ジア、メイジーは邸宅《ていたく》を後《あと》にし、通用門《つうようもん》の階段《かいだん》を降《お》りた。オーウェンは毛布《もうふ》にくるまったメイジーを両腕《りょううで》で抱《だ》いていた。クレアは片足《かたあし》を引《ひ》きずっていたが、生《い》きている喜《よろこ》びのほうが勝《まさ》っていた。

突然《とつぜん》メイジーの目《め》が驚愕《きょうがく》に見開《みひら》かれた。恐怖《きょうふ》がよみがえる。

彼《かれ》らの前《まえ》に、ブルーが立《た》ちはだかっていたのだ。

「シーッ」と、オーウェンが少女《しょうじょ》にささやいた。「大丈夫《だいじょうぶ》だから」

オーウェンは慎重《しんちょう》にメイジーを下《お》ろした。クレアが彼女《かのじょ》の肩《かた》に手《て》をかけ、安堵《あんど》させようとしている。

「このラプトルは襲《おそ》ってこないよ。他《ほか》の恐竜《きょうりゅう》とは違《ちが》うんだ」

オーウェンは空《から》の檻《おり》があることに気《き》づいた。ゆっくりブルーに近《ちか》づく。

「彼女《かのじょ》は利口《りこう》なんだよ。ここにいてはいけないことを知《し》っている」

クレア、メイジー、フランクリン、ジアが後《あと》ずさる前《まえ》で、オーウェンはブルーをトラックの方《ほう》へ招《まね》き寄《よ》せた。

「よーし、ブルー」

オーウェンが明瞭《めいりょう》な声《こえ》で話《はな》しかけた。

「おれと一緒《いっしょ》に来《く》るんだ。安全《あんぜん》な場所《ばしょ》へ連《つ》れてってやるから」

ブルーはオーウェンの肩越《かたご》しにトラックを見《み》た。

「ブルー？」オーウェンが呼《よ》んだ。「おれと来《こ》い」

ブルーはオーウェンをじっと見《み》つめ、それから自分《じぶん》の後《うし》ろに広《ひろ》がる森《もり》を振《ふ》り返《かえ》った。自由《じゆう》がそこにあることをこの生《い》き物《もの》は知《し》っていた。

ブルーはオーウェンを最後《さいご》に一瞥《いちべつ》し、森《もり》に向《む》かって走《はし》り出《だ》した。未知《みち》の未来《みらい》へと……。

ブルーが夜陰《やいん》に消《き》えていくのを見《み》ながら、オーウェンたちはすべてが変《か》わったことに気《き》づきはじめていた。自分《じぶん》たちが住《す》む惑星《わくせい》は、今《いま》や恐竜《きょうりゅう》たちが自由《じゆう》に飛《と》び、走《はし》り、泳《およ》ぐ場所《ばしょ》となった。恐竜《きょうりゅう》はもうどこにでも現《あらわ》れるだろう。森《もり》、海《うみ》、そして街《まち》にさえも。

オーウェン、クレア、そしてメイジーは、そう考《かんが》えると自然《しぜん》と肩《かた》を寄《よ》せあった。そして新《あたら》しい世界《せかい》に昇《のぼ》る太陽《たいよう》を見《み》つめた。その新《あたら》しい世界《せかい》とは、いったい誰《だれ》のものなのだろうか。

そうして朝《あさ》がやってきた。新《あたら》しい世界《せかい》の夜明《よあ》けだ。

メイジーを連《つ》れ、ロックウッド邸《てい》をクルマで出《で》たオーウェンたちは、左手《ひだりて》に太平洋《たいへいよう》の青《あお》い海原《うなばら》を望《のぞ》みながら、崖沿《がけぞ》いの曲《ま》がりくねった道《みち》を走《はし》っていた。

ラジオからあの声《こえ》が聞《き》こえる。イスラ・ヌブラル島消滅《とうしょうめつ》と恐竜逃亡《きょうりゅうとうぼう》の噂《うわさ》に関《かん》するニュースにからめ、イアン・マルコム博士《はかせ》による、アメリカ合衆国議会《がっしゅうこくぎかい》への警告的《けいこくてき》なコメントが生放送《なまほうそう》で流《なが》れていた。

「何度証拠《なんどしょうこ》を見《み》せればいいのか？　何度指摘《なんどしてき》すればいいのか？　人類《じんるい》は自《みずか》ら滅《ほろ》びようとしている。私《わたし》たち人間《にんげん》の築《きず》いた社会《しゃかい》は、基本的《きほんてき》に強欲《ごうよく》と権力欲《けんりょくよく》で汚染《おせん》されている。遺伝子操作《いでんしそうさ》の急速《きゅうそく》な進歩《しんぽ》は、当然《とうぜん》のように破局《はきょく》をもたらします。それは最初《さいしょ》に恐竜《きょうりゅう》を再生《さいせい》したときから避《さ》けられない運命《うんめい》でした」

マルコムの言葉《ことば》が、オーウェンのまだ火照《ほて》ったままの額《ひたい》や耳《みみ》を、どこか冷《つめ》たく撫《な》でた。

「日常《にちじょう》の中《なか》での突然《とつぜん》の変化《へんか》は仕方《しかた》がない、そう言《い》われる方《かた》も多《おお》い。例《たと》えば、交通事故《こうつうじこ》とか死《し》に至《いた》る病《やまい》とか、人間《にんげん》の力《ちから》では制御《せいぎょ》しようのないものも存在《そんざい》するのだと。織《お》り込《こ》み済《ず》みではあるが、それがいつ起《お》きるかは予測《よそく》できないと。しかし、予測可能《よそくかのう》な変化《へんか》もあるのです。それが今《いま》まさに起《お》きました」

何気《なにげ》なく窓《まど》の外《そと》を見《み》やったオーウェンの目《め》が、驚愕《きょうがく》に広《ひろ》がった。そこには、まるで海鳥《うみどり》のように景色《けしき》に溶《と》け、楽《たの》しそうに海上《かいじょう》を飛《と》び回《まわ》る3頭《とう》のプテラノドンの姿《すがた》があった。

「今日《こんにち》、人類《じんるい》は恐竜《きょうりゅう》との共存《きょうそん》を余儀《よぎ》なくされています。彼《かれ》らは今《いま》そこにいます。気《き》をつけないと滅《ほろ》びるのは人類《じんるい》かもしれません」

ワシントンの議会《ぎかい》。マルコム博士《はかせ》は唇《くちびる》を舐《な》め、マイクに向《む》かって最後《さいご》の言葉《ことば》をつむぎ出《だ》そうとしていた。

「我々《われわれ》は、想像《そうぞう》もできなかった脅威《きょうい》に直面《ちょくめん》している。新時代《しんじだい》の始《はじ》まりです」

そう言《い》うと、眼鏡《めがね》の奥《おく》の目《め》に力《ちから》がこもった。それはすでに他者《たしゃ》への警告《けいこく》ではなく、ともに新《あたら》しい困難《こんなん》に直面《ちょくめん》し、挑戦《ちょうせん》する彼《かれ》の決意《けつい》のようでもあった。

マルコムは力強《ちからづよ》く宣言《せんげん》した。

「ようこそ、ジュラシック・ワールドへ！」

同《おな》じとき、モニュメントバレーに広《ひろ》がる住宅街《じゅうたくがい》を望《のぞ》む岩山《いわやま》で、ブルーが、新時代《しんじだい》の幕開《まくあ》きを告《つ》げるかのように何度《なんど》も咆哮《ほうこう》した。

Shogakukan Junior Bunko

★小学館ジュニア文庫★

ジュラシック・ワールド 炎の王国

2018年 7 月11日　初版第 1 刷発行

著者／坂野徳隆
製作総指揮／スティーヴン・スピルバーグ、コリン・トレボロウ
キャラクター原案／マイケル・クライトン

発行人／立川義剛
編集人／吉田憲生
編集／油井 悠

発行所／株式会社　小学館
〒101-8001　東京都千代田区一ツ橋２－３－１
電話　編集　03-3230-5105
販売　03-5281-3555

印刷・製本／中央精版印刷株式会社

デザイン／クマガイグラフィックス

Printed in Japan　ISBN 978-4-09-231240-1

http://www.jurassicworld.jp/